그림으로 기본 테크닉을 쉽게 배우는
포인트 축구 레슨

김정남 감수

▼ 스피드, 힘, 기술이 일체가 되어 슛하는 순간의 약동감.

축구는 팀 경기이지만
개인개인의 기술이 돋보인다.

◀ 헤딩의 아크로바딕한 순간.

헤딩에는 용기와 타이밍이 제일 중요하다.

▶ 플라더니 (프랑스)

볼을 가지고 서로 격렬히
다투고 있는 선수들.

▲ 파괴력이 있는 왼발 슛을 보여 주고 있는 선수.

▲ 공중 볼을 서로 다투고 있는 두 선수들.

골문 앞에서 1 대 1 숫 장면.

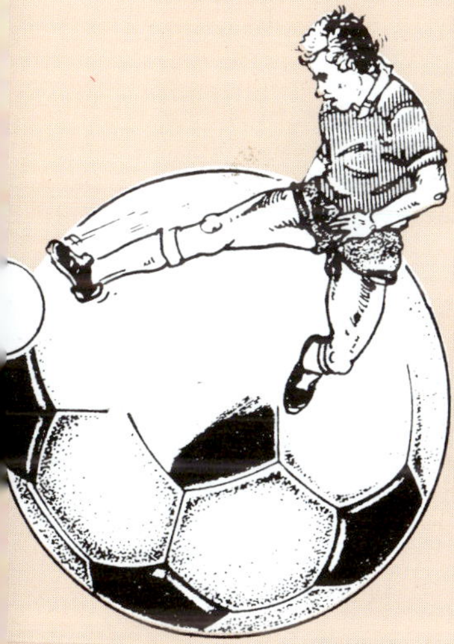

▲ 공을 놓고 서로 다투고 있는 선수들.
▶ 헤딩의 격렬한 장면.

머리말

고교 축구에 대한 인기는 날이 갈수록 높아지고 있습니다. 참가 팀도 계속 늘어나고 있으며, 결승전이 있는 날에는 경기장도 초만원을 이룰 정도입니다.

그러나 매년 예선을 돌파하여 본선에 오를 수 있는 팀은 얼마 되지 않습니다. 그들은 본선에 진출하기 위하여 피나는 노력을 다할 것입니다. 자기들이 갖고 있는 기량을 최대로 발휘하려 할 것입니다.

이들 중에서는 장차 우리 나라를 대표할 수 있는 대표 선수가 나올 수도 있을 것입니다. 또 외국에 나가서 그라운드를 누비는 선수가 나올지도 모릅니다.

그러나 그들도 처음에는 '병아리 선수'에서 출발했을 뿐입니다. 여러분이나 다름없이 공을 차고 뛰는 것이 그저 즐겁기만 한 시기를 보냈을 것입니다.

축구는 혼자서 하는 스포츠가 아닙니다. 팀웍을 이루어 협동하는 것이 축구의 매력인 것입니다.

또 공만 하나 있으면 어디서나 할 수 있는 것이 축구의 매력입니다. 그리고 몸이 약하더라도 이길 수 있습니다. 그래서 축구를 재미있는 스포츠라고 하는 모양입니다. 가령 별로 세지도 않은 팀이 강한 팀과 싸워서 이길 수도 있습니다. 그런 것이 가능한 운동입니다. 그런 이변이 충분히 일어날 수 있기에 축구의 승패를 생각해볼 때 재미있는 운동이라 말하고 있나봅니다.

축구는 팔 이외의 몸 전체를 사용하여 하는 게임인데, 인간의 신체 중 가장 쓰기 불편한 발을 중심으로 하여 사용하는 데 묘미가 있습니다.

그리고 축구는 다른 운동 경기처럼 몇 점을 올려야 승부가 결판나는 경기가 아닙니다. 경기 시간이 끝날 때까지 0대 0이 되면 패널티 킥으로 승부를 결정할 때도 있습니다. 이것은 특히 다른 경기와 다른 점입니다. 게임 중 득점하기란 여간 어려운 일이 아닙니다. 그래서 한 점을 얻는다는 것은 여간 중요하지 않습니다. 바로 이런 점에 묘미가 있으며, 그것이 바로 축구라는 경기입니다.

그러면 이처럼 재미있는 축구를 즐기기 위해서는 우선 그 기초가 중요합니다. 볼을 다루는 법이나 차는 기술을 몸에 익혀야 합니다. 그리고 도저히 잘 되지 않을 때는 다시 기초 훈련으로 돌아가야 합니다. 이처럼 연습을 쌓고 쌓아서 기초 실력을 착실하게 익혀야 합니다.

이 책은 기본에 중점을 둔, 입문서로서 엮은 것입니다. 중고등 학생으로서 축구를 해보려는 사람을 대상으로 하였지만 지금까지 축구를 해온 사람이라도 어려운 벽에 부딪치거나 할 때는 다시 한 번 이 책을 참고하여 주기 바랍니다. 그러면 예상치 못했던 발견을 하게 될 지도 모릅니다.

또한 이 책은 축구를 지도하려는 사람들을 위해서도 많은 페이지를 할애하였습니다. 연습 방법이나 전술 등에 대해서 참고가 된다면 다행이겠습니다.

초심자 지도법이라고는 해도 요즈음의 중학생 팀도 상당히 수준 높은 경기를 하고 있으므로 단순히 공을 차는 것만이 아니라 게임의 흐름을 알고 공을 찰 수 있어야 합니다. 그러한 선수를 기를 수 있도록 방향을 잡아야 할 것입니다.

고등학생의 축구 시합일 때는 이기는 것만 생각해야 합니다. 어떻게 승리하느냐? 그것을 염두에 두고 연습하느냐에 따라서 연습 내용도 당연히 달라지게 됩니다. 승부를 생각하지 않으면 연습이 김 빠진 맥주처럼 되어버리고 맙니다.

꼭 이겨야겠다고 생각하면 단 한 번의 패스도, 슛 동작도 자연 신중해질 것입니다.

가령 축구가 그저 좋아서 하더라도 시합인 이상 이기지 않으면 안 됩니다. 이것은 사회에 나가더라도 똑같다고 생각합니다. 나는 언제나 그렇게 생각하고 있습니다.

이기기 위해서는 코치나 지도자가 선수들에게 이기려는 의욕을 갖게 하는 것이 중요합니다. 그러기 위해서는 코치 자신도 언제나 적극적인 자세로 임하고 있다는 것을 보여주는 것이 무엇보다도 중요합니다. 코치나 지도자가 적당 적당히라는 태도를 보이면 학생도 여기에 민감하게 반응하여 무성의한 연습이 되어버리고 맙니다. 연습은 시합에 이기기 위해서 하는 것이다라는 목표를 가질 필요가 있는 것입니다.

그러나 매사를 엄격하게만 하면 되느냐 하면 그렇지는 않습니다.

축구는 즐거운 스포츠입니다. 엄격한 가운데서도 즐거움이 솟아나는 것이 바로 축구입니다.

1989년 봄에

CONTENTS

PART 1 축구를 시작하기 전에 ●9

축구란 무엇인가? ·················10
축구의 매력/10   필드와 골/11

포지션에 대하여 ·················12
포지션/12   필드의 3분할/13

필드 플레이어에 대하여 ···············14
포지션의 역할/14   포워드(FM)/15   미드 필더(MF)/16
디펜더(DF)/17

시스템에 대하여 ·················18
시스템/18   투 백 시스템/19   쓰리 백 시스템/20
4-2-4 시스템/21   4-3-3 시스템/22
스위퍼 시스템/24   4-4-2 시스템/25

PART 2 필드 플레이어의 기본 테크닉 ●27

볼 콘트롤이란? ·················28
신체와 볼 콘트롤/28   볼 저글링에 대하여/28
킥 업/29   인스텝/30   인사이드 아웃사이드/32

무릎으로 받는다/34　　어깨로 받는다/36
　　머리로 받는다/37　　가슴으로 받는다/38
　　무릎에서 인스텝으로/39

키킹에 대하여 ·················· 40

　　키킹의 기본 테크닉/42　　인스텝 킥/42　　인프론트 킥/44
　　아웃프론트 킥/44　　인사이드 킥/46
　　아웃사이드 킥/46　　토 킥/48　　힐 킥/48
　　키킹의 하이 테크닉 ①(점프 발리 킥)/50
　　키킹의 하이 테크닉 ②(오버 헤드 킥)/50

헤딩에 대하여 ·················· 52

　　헤딩/52　　스탠드 헤딩/54　　점프 헤딩/54
　　방향을 바꾸는 스탠드 헤딩/56
　　방향을 바꾸는 점프 헤딩/56　　헤딩 패스에 대하여/58
　　헤딩 슛에 대하여/59

스톱에서 트랩으로 ·················· 60

　　스토핑과 트래핑/60　　트래핑의 원리/62
　　쐐기 모양의 트래핑/63　　인스텝에서의 트래핑/64
　　가슴으로 스톱, 인사이드 킥으로 트랩/64
　　가슴으로 하는 스톱/65
　　헤딩으로 스톱, 발바닥으로 트랩/66
　　무릎으로 스톱, 아웃사이드로 트랩/66

드리블에 대하여 ·················· 68

　　드리블/68　　상대편을 돌파하는 드리블 ①/70
　　상대편을 돌파하는 드리블 ②/71
　　상대방을 따돌리는 드리블 ①/72
　　상대방을 따돌리는 드리블 ②/73

페인트에 대하여 ·················· 74

　　페인트/74　　페인트 테크닉 ①/76　　페인트 테크닉 ②/77
　　페인트 테크닉 ③/78　　페인트 테크닉 ④/79

PART 3 골 키퍼의 기본 테크닉 ●81

골 키퍼란? ················· 82
골 키퍼/82   골 키퍼의 조건/83

캐칭에 대하여 ················· 84
캐칭의 기본/84   땅볼의 캐칭/86   라이너성 캐칭/86
가슴 높이의 캐칭/88   점프해서 하는 캐칭/88
캐칭한 볼은 가슴으로 끌어안는다/90   세이빙/91

펀칭에 대하여 ················· 92
펀칭/92   펀칭의 기본 테크닉/92
한손으로 하는 펀칭/94   양손으로 하는 펀칭/94

드로잉에 대하여 ················· 96
드로잉/96
땅볼 드로잉으로 가까이 있는 자기 편에 넘겨준다/97
사이드 핸드 드로우/98   오버 핸드 드로우/98

키킹에 대하여 ················· 100
키킹/100   펀트 킥/101

PART 4 팀 플레이의 기본 테크닉 ●103

오펜스에 대하여 ················· 104
오펜스/104   패스의 기본 테크닉/105   롱 패스/106

스위핑 패스/107　패스의 기본 연습/108
패스에서의 득점 패턴/109　센터링을 통한 득점/110
벽 패스를 통한 득점/111　스트라이커의 조건/112
킥 스포트/113　슛의 바리에이션/114
슛에 대하여/115

디펜스에 대하여 ········· 116

디펜스/116　스위퍼의 역할/117　존 디펜스/118
맨 투 맨 디펜스/118　마크의 4원칙/119
태클과 숄더 차지/120　스탠딩 태클/121

리스타트에 대하여 ········ 122

리스타트/122

드로잉 ················ 124

롱 드로우/124　코너 킥/125

코너 킥에 대하여 ········ 126

코너 킥/126　코너 킥의 공격 포지션/127

프리 킥에 대하여 ········ 128

프리 킥/128　프리 킥의 포인트/128　프리 킥 연습/129

패널티 킥과 PK시합 ······ 130

패널티 킥/130　PK시합/131

트레이닝과 연습 ● 133

트레이닝과 연습에 대하여 ······ 134

트레이닝과 연습 커리큘럼/134　파워업 트레이닝/135

파워업 트레이닝에 대하여 ·············· 136

스트레칭에 대하여 ··················· 138
스트레칭/138

브라질 체조에 대하여 ················ 140
브라질 체조/140

메디슨 볼로 하는 체조에 대하여 ········ 144
메디슨 볼로 하는 체조/144

연습 커리큘럼에 대하여 ·············· 146
고교 선수의 연습 계획/146
시합 기간 중의 연습 계획표/147

PART 6 부 록 ●149

축구의 역사에 대하여 ················ 150
축구의 역사/150

경기 룰에 대하여 ··················· 152
경기 룰/152

오프 사이드에 대하여 ················ 154
오프 사이드/154

축구 용어 해설 ····················· 156

PART 1

축구를 시작하기 전에

- 축구란?
- 포지션에 대하여
- 필드 플레이어에 대하여
- 시스템에 대하여

축구란?

● 플레이에 개성을 가져라

축구의 매력

야구, 농구, 미식 축구 럭비 ······. 모두 다 인기 있는 스포츠이다. 그러나 이들 운동은 모두 일부 국가에서만 인기를 얻고 있을 뿐 다른 나라에서는 관심조차 없는 경우가 많다.

세계적인 안목에서 보더라도 가장 인기있는 스포츠는 역시 축구일 것이다. 왜냐하면 축구는 룰이 간단하고 친숙하기 쉬우며 누구나 할 수 있기 때문이다. 또 경기하는 것을 보기만 해도 싫증이 나지 않고 자기도 모르는 사이에 빠져들게 된다. 축구는 이처럼 매력적인 스포츠이다.

Introduction

필드와 골

● 경기에 대하여

올림픽이나 월드컵에서는 터치 라인이 105m, 골 라인이 68m로 정해져 있다. 그 밖의 국제 시합이나 공식 경기도 대개 여기에 준하고 있으며, 터치 라인이 100~110m, 골 라인이 64~75m의 범위 이내로 한정되어 있다.

그러나 중학생의 경우라면 이보다 더 좁아도 좋으며 스페이스가 부족할 때는 잡을 수 있는 한의 스페이스로 장방형으로 그리면 된다. 원래 축구는 야구 경기와 같아서 엄격하게 규정되어 있지는 않다.

● 라인에 대하여

골이 있는 라인을 골 라인, 사이드 쪽의 라인을 터치 라인이라고 한다. 중앙의 골 라인에 평행하여 있는 라인은 하프 라인. 그 중앙에 그려놓은 원을 센터 서클이라고 한다.

골 에어리어는 골 라인에서 5.5m, 패널티 에어리어는 16.5m의 위치에 그려진다. 4개의 코너에는 반경 1m의 코너 에어리어가 있다.

● 골에 대하여

골은 높이 2.44m, 폭 32m이다. 양 사이드에 세워진 두 개의 기둥을 골 포스트라 부르는데 이 기둥의 폭은 12cm 이하로 정해져 있다.

양 사이드에 세워진 두 개의 기둥을 골 포스트라 하며 두 기둥 위로 걸쳐 놓은 나무를 크로스바라고 한다. 이것도 당연히 12cm 이하여야 한다. 네트 부분에 대해서는 특별한 규정은 없다.

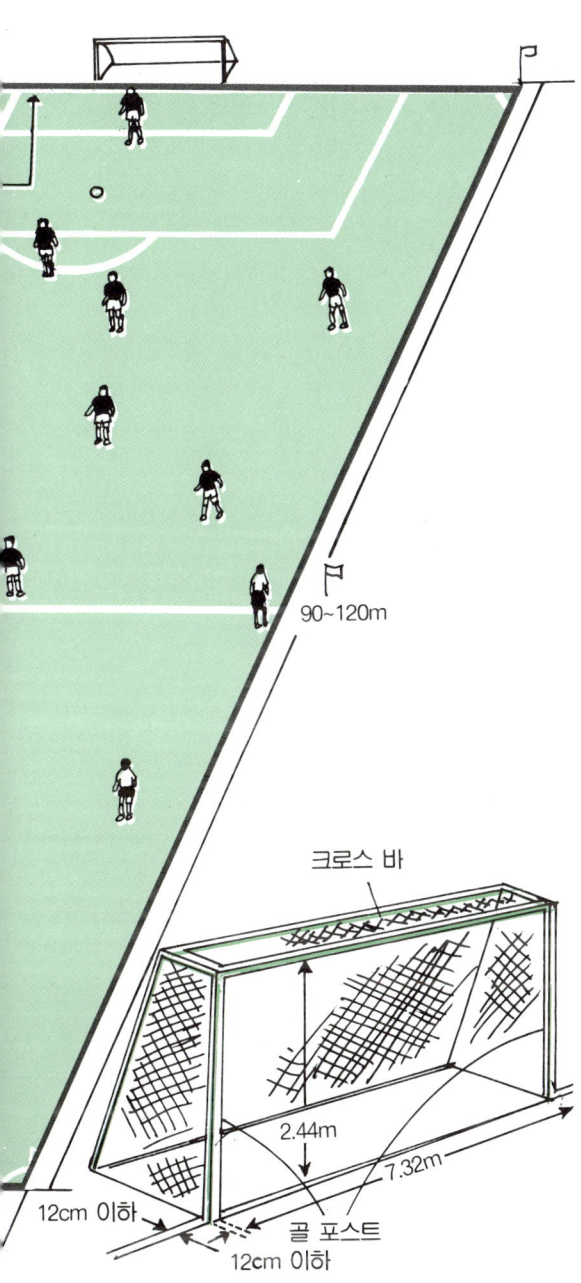

포지션에 대하여

● 새시대의 일레븐에는 새로운 역할이 주어져야 한다

포지션

축구의 팀 구성은 1명의 골 키퍼와 10명의 필드 플레이어로 구성된다. 10명의 선수는 필드 내의 어디서나 플레이 할 수 있으나, 전술상 그 포지션이 정해져 있다. 물론 이것은 명칭에 지나지 않으므로 포워드의 선수가 백으로 가서 플레이할 수도 있으며, 그 반대일 경우도 있다.

포지션의 명칭은 옛날에는 하프 백이라 하였으나 미드 필더라고 불려지게 된 것과 같이(이 책에서는 아래 그림과 같은 명칭을 쓰기도 한다), 축구에서는 팀의 구성상 센터 라인이 가장 중요하다. 즉 골 키퍼, 스위퍼, 게임 메이커, 센터 포워드의 세로 라인이다. 바로 이 라인에 기량이 뛰어난 선수를 두는 것이 중요하다.

포지션

▼FW / 포워드
- ⑪ OL / 아웃사이드 (레프트 윙)
- ⑨ CF / 센터 포워드
- ⑦ OR / 아웃사이드 라이트 (라이트 윙)

▼MF / 미드 필더
- ⑩ OH / 오펜시브 하프
- ⑧ GM / 게임 메이커 (링크 맨)
- ⑥ DM / 디펜시브 하프

▼DF / 디펜더
- ⑤ ST / 스토퍼
- ④ SW / 스위퍼
- ③ LB / 레프트 백
- ② RB / 라이트 백
- ① GK / 골 키퍼

Position

● 필드의 3분할

필드 전체를 3개로 나눈다. 자기 진영 3분의 1을 수비 지역(디펜시브 써드), 중간의 3분의 1을 중반(어태킹 써드), 적 진지에 가장 가까운 3분의 1을 공격지역(어태킹 써드)이라고 한다.

디펜시브 써드를 세프티 존, 어태킹 써드를 어태킹 존으로 하는 경우도 있다.

디펜시브 써드는 상대방의 볼을 빼앗아서 공격으로 전환하는 지역이다. 이 존으로 적이 공격해오면 우선 이를 체크한다. 여기서 당황해하거나 상대편에게 여유를 주어서는 안 된다.

밸런스와 기본에 따른 수비가 필요하다.

상대편한테서 볼을 빼앗았을 때는 즉각 공격으로 전환하도록 한다.

중반 즉 미들 써드는 축구에서 가장 중요한 존이라 한다. 게임은 이 존에서 이루어진다고 해도 좋을 정도이다. 공격을 받았을 때는 재빠르게 방어하고 볼을 빼앗았을 때는 여기서부터 공격을 준비한다. 어태킹 써드에는 포워드가 있어서 과감하게 공격한다. 실패를 두려워하지 않고 득점을 노릴 필요가 있다. 실패하여 상대편에게 볼을 빼앗겼을 때는 즉각 디펜스로 전환한다. 어태킹 써드라고 해서 디펜스를 소홀하게 해서는 안 된다.

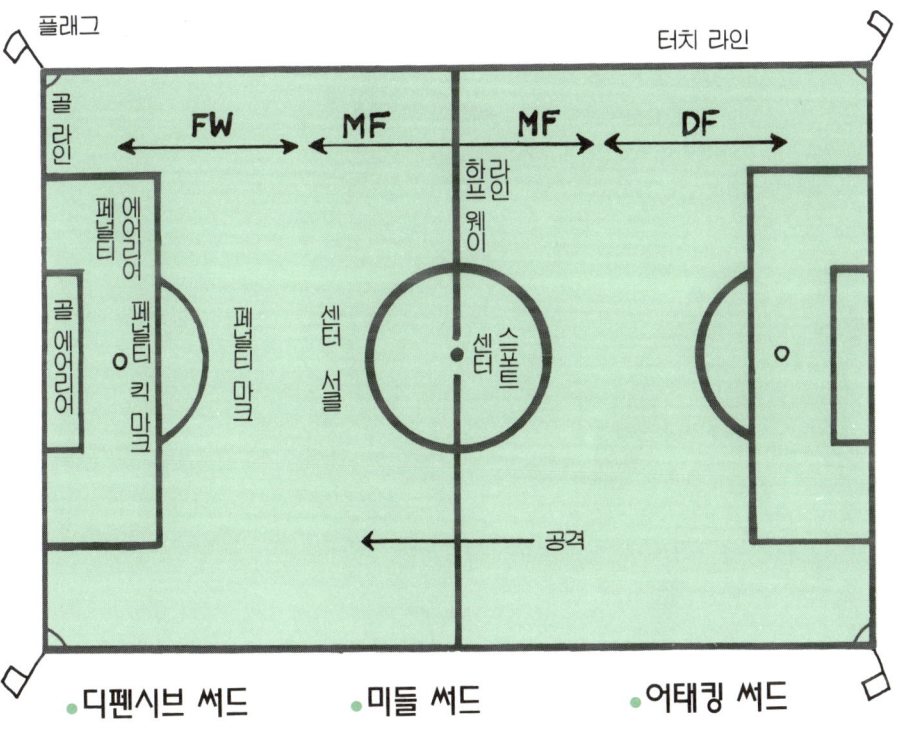

● **디펜시브 써드**
수비측이 상대편의 슛을 방어하기 위하여 전념해야 하는 위험 존이다.

● **미들 써드**
공격에서 수비로, 수비에서 공격으로 전환하는 공격전을 다두는 중반 존.

● **어태킹 써드**
공격측이 직접 득점을 노릴 수 있는 최전선.

필드 플레이어에 대하여

● 3B(브레인, 볼 콘트롤, 보디 밸런스) & 3S(스테미너, 스피드, 스피리트)가 절대 조건

포지션의 역할

3S의 S는 스피드, 스피리트, 스테미너, 3B는 브레인, 보디 밸런스, 볼 콘트롤을 말한다. 이 6개 요소가 플레이어에게는 가장 중요하다.

스피드는 현대 축구에서 가장 중요시되고 있다. 빠른 볼 콘트롤, 신속한 상황 판단, 빠르게 달릴 수 있는 힘을 기르는 것이 무엇보다도 중요하다.

스피리트란, 여기서는 커트라는 의미가 있다.

3B의 브레인은 말하자면 머리를 쓰라는 것이다. 생각하면서 플레이하는 중요성을 말하는 것이다. 게임을 읽는다거나 게임을 만든다는 표현은 이 브레인에서 나오는 것이다. 즉, 머리를 써서 게임을 읽고 만드는 것이다.

Position

몸의 중요 밸런스로 플레이어의 능력을 결정하는 중대한 포인트가 된다. 차징을 당하여 부상을 당한다면 아무리 발이 빠르더라도 좋은 선수가 될 수는 없다.

포워드(FW)

● 포워드의 역할

포워드는 공격의 핵이 되는 플레이어를 말한다. 센터 포워드, 아웃사이드 레프트, 아웃사이드 라이트의 세 사람이 주축이 된다. 여기에 인사이드 레프트, 인사이드 라이트의 두 사람을 추가하기도 한다.

● 센터 포워드

득점할 수 있는 찬스가 가장 많은 것이 센터 포워드이다. 상대편 골에 가장 가까운 위치에 있으므로 당연하겠지만 …….

여기에는 팀에서 가장 뛰어난 선수를 둔다. 또는 헤딩력이 뛰어난 플레이어를 배치하기도 한다.

슛 능력이나 드리블 능력도 요구된다. 골 앞에서는 상대편의 디펜더의 체크도 치열해지므로 당연히 경쟁력이 강하지 않으면 안 된다. 헤딩의 경우도 마찬가지이다. 여기에서 상대방에게 볼을 쉽게 빼앗긴다면 센터 포워드로서는 실격이다.

● 아웃사이드 레프트 아웃사이드 라이트

옛날에는 레프트 윙, 라이트 윙이라고 불렀다. 윙은 날개라는 뜻으로, 왼쪽 날개, 오른쪽 날개이다. 센터 포워드의 양 사이드에 위치하는 두 사람이다. 이 두 사람은 드리블로 상대편을 돌파하는 것이 주된 임무이다. 드리블로 돌파한 다음에는 센터링이다. 이것도 고도의 기술을 필요로 한다. 또한 슛할 기회도 많으므로 당연히 슛 능력도 필요하다.

기초적인 능력으로서는 스피드가 요구된다. 드리블로 돌파할 때는 무엇보다도 스피드와 타이밍이 좋지 않으면 안 된다. 상대 수비 선수의 허를 찌르는 것이 무엇보다도 중요하다.

● 필드 플레이어에 대해서

미드 필더(MF)

● 미드 필더의 역할

현대 축구에서는 미드 필더의 역할이 더욱 중대되고 있다.

오펜시브 하프의 세 사람을 미드 필더라고 한다. 이 세 사람이 포지션을 바꾸어 중반을 구성한다. 게임은 여기서 이루어진다고 해도 과언이 아니다. 이들 세 사람의 각자의 역할과 성격을 알아보자.

● 디펜시브 하프

상대편이 공격해왔을 때 상대편의 스피드를 약화시키고, 시간을 끌게 하고 MF와의 콤비로 밸런스가 잡힌 수비를 한다. 마크할 상대편 선수를 항상 갖고 있는 미드 필드의 스위퍼라고 생각하면 된다. 또 공격할 때는 DF에서 볼을 인계받는 일도 많으며 게임 메이커 오펜시브 하프와의 콤비로 이따금 공격에 참가하기도 한다.

이 포지션에서도 스피드가 필요한데 특히 정확한 볼 콘트롤과 게임의 흐름을 볼 수 있는 눈이 요구된다.

● 오펜시브 하프

주변에 있는 플레이어와의 콤비네이션이 원활하게 이루어지지 않으면 안 된다. 또한 동시에 종종 공격에도 참가한다. 따라서 스트라이커적인 성격을 갖고 있지 않으면 이 포지션에 맞지 않는다. 운동량도 많고 공격적인 센스가 요구된다.

게임 메이커

미드 필더의 중핵을 맡은 포스트이다. 여기서 게임을 짠다. 따라서 리더십이 있어야 한다. 콤비네이션이 중요하며 때로는 포워드로 단숨에 패스하거나 반대로 백한테 되돌려서 상황을 살피거나 하면서 공격의 속도를 조절하기도 한다. 포워드와의 콤비네이션도 중요하기 때문에 팀 전원으로부터 신뢰받는 존재가 바람직하다.

Position

디펜더(DF)

●축구에서의 디펜스

축구가 막 태어났을 때 디펜스라는 사고 방식은 거의 존재하지 않았 었다. 축구란 공을 차서 상대편 골에 집어넣는 것이다. 따라서 플레이어 도 공격 일변도였다. 그것이 경험을 거듭함에 따라서 수비의 중요성을 인식하게 되었다. 현대의 축구는 디펜스가 고도로 발달한 것이다.

디펜더는 스위퍼, 스토퍼, 레프트 백, 라이트 백으로 구성된다.

●스위퍼

스위퍼는 골 키퍼의 바로 앞이 있으면서 백 라인을 빠져나온 볼을 처 리한다. 디펜스의 리더적 존재이며, 게임을 읽고 디펜더를 움직이게 한 다. 디펜스를 중시하는 현대 축구에서는 매우 중요한 포지션이다.

●스토퍼

센터 하프, 센터 백이라 부르기도 한다. 장신이며, 날씬한 체격을 가졌 으며 스피드가 있고 마크를 충실하게 할 수 있는 선수가 적당하다. 왜냐하 면 게임 중에는 거의 상대편 에이스 스트라이커로 지목되는 포워드와 맞 닥뜨리기 때문이다. 마크하는 포워드 는 체격도 좋고 스피드도 있는 선수 가 많기 때문이다. 마크를 집요하게 함으로써 상대편의 공격을 무산시키 는 것이 스토퍼가 할 일이다.

●라이트 백, 레프트 백

마커로서의 능력이 뛰어나야 하는 포지션으로, 상대에게 뒤지지 않은 스 피드와 마크를 하면서 때로는 오버랩 하여 공격에 참가한다.

골 키퍼에 대해서는 제3장 골 키퍼 의 기본 테크닉에서 해설하도록 한다.

시스템에 대하여

●전원 공격과 집중 수비라는 미래 축구도 있다

시스템

●시스템이란?

축구에서 말하는 시스템이란, 플레이어의 배치와 활동 방법을 가리킨다. 투 백, 4-2-4, 4-3-3 등 종류도 다양한데, 중요한 것은 각 팀의 특성에 맞추어 시스템을 골라야 한다는 것이다. 유행이나 겉만 번드르하게 팀의 시스템을 택했다 하더라도 플레이어의 능력이 따르지 못하면 그 시스템은 잘 먹혀들지 않는다. 무리하게 고도의 시스템을 짠 결과 상대편이 파고들 틈새를 주게 되는 경우도 있다.

이것은 반대로 말해서 시스템을 정하려면 팀의 특성을 충분히 파악하여 두는 것이 중요하다.

●시스템의 역사

시스템은 조금씩 바뀌어왔다. 그 시대 그 시대에 클로즈업된 시스템이 있었던 것이다.

초기에는 투 백 시스템이 주류였다. 그러던 것이 1925년에 지금의 오프사이드 룰이 생기자 곧 새로운 룰에 대응해서 쓰리 백 시스템이 생기게 되었다. 그 후 WM, 4-2-4, 4-3-3과 같은 시스템이 나타나게 되었다.

이와 같은 대표적인 시스템은 뒤에 상술하기로 하고, 그 밖에 별로 알려지지 않은 시스템도 있다. 이런 특별한 시스템을 소개해본다.

① 스피어 헤드
창끝이란 뜻으로, 말 그대로 끝을 뾰족하게 한 시스템이다. 즉 센터 포워드가 극단적으로 전진하고 있다. 이것은 수비형 시스템이다. 디펜스를 확고하게 해두고 찬스를 보았다가 역습한다. 그러한 전법에 맞는 시스템이다.

② 스위스 리겔(볼트 시스템)
리겔은 볼트란 뜻으로 꽉 조인 상태를 나타내고 있다. 즉 수비를 공고히 한다는 것이다. 백 한 사람이 상대편 센터 포워드를 맨 투 맨으로 마크하고 다른 백은 존 디펜스를 한다. 스위스에서 고안되었다 해서 이런 이름이 붙여지게 되었다.

③ 카테나치오

이탈리아 어로 문을 닫는다는 의미이다. 1960년대부터 이탈리아에서 사용된 시스템으로 이것은 적극적으로 디펜스하려는 의도를 가지고 있다. 맨 투 맨으로 디펜스하는 위쪽에 스위퍼를 두고, 디펜스 라인 앞에 또 한 사람을 두어서 디펜스한다.

투 백 시스템(2FB형)
● 센터 하프가 중요한 역할

이것은 최초의 시스템이다. 1880년 경부터 1930년 경까지 약 반세기에 걸쳐서 이 시스템으로 축구 경기가 운영되었다.

두 사람의 풀 백이 존 디펜스에서 골을 지켰다. 이것은 센터 하프가 중요한 역할을 하는 시스템인데, 수비나 공격에 있어서나 이 플레이어가 사령탑이 된다. 그러다가 1925년에 오프 사이드 룰이 생기자 전법이 바뀌고 시스템도 투 백 시스템으로는 통용되지 않게 되었다. 그래서 등장한 것이 쓰리 백(WM) 시스템이다.

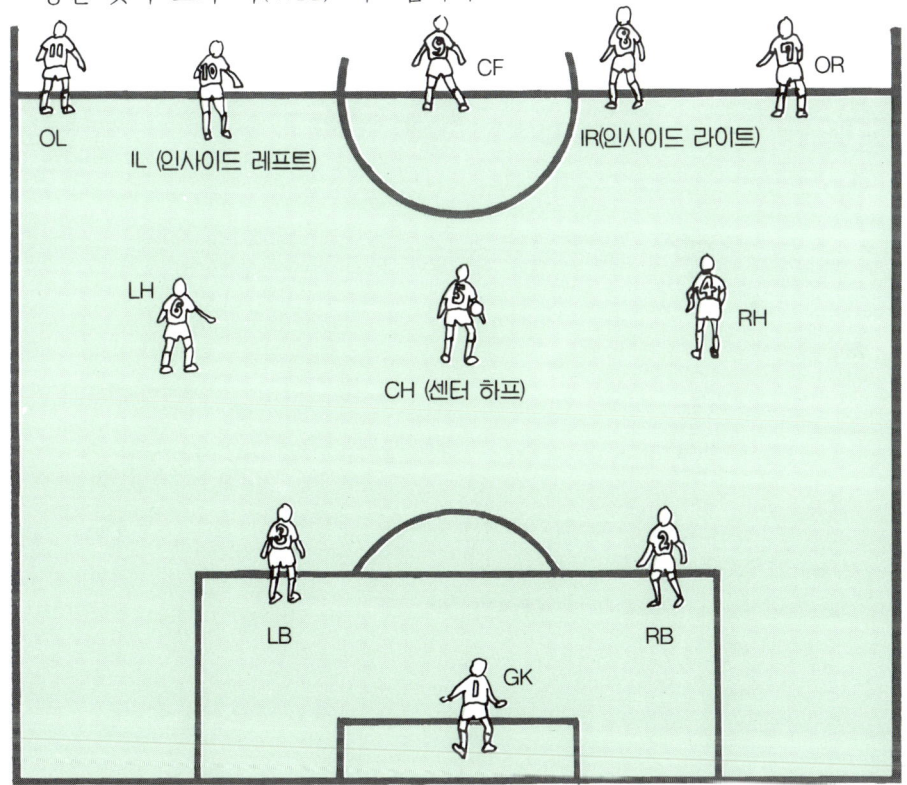

시스템에 대하여

쓰리 백 시스템

● 디펜스를 강화하는 쓰리 백 시스템

1925년의 오프 사이드 룰은 축구를 어떻게 바꾸어놓았는가? 간단히 말해서 보다 공격적으로 바꾸어놓았다. 즉 보다 방어하기 어렵게 되었던 것이다.

지금까지의 투 백 시스템으로는 센터 하프 한 사람이 상대편 포워드를 방어해왔다. 그런데 근대 축구에서는 강력한 센터 포워드가 등장하여 혼자서 세 사람을 방어하기란 어렵게 되었다. 그래서 센터 하프가 디펜스로 돌고 그것도 센터 포워드 한 사람을 마크하게 되었다.

즉, 투 백 시스템으로 센터 백의 위치에 센터 하프가 들어가는 형태로 되었던 것이다. WM형이라 하는 것은 포워드의 다섯 사람이 W자형, 백이 M형으로 배치되기 때문이다. 1950년대까지의 20년 동안 이 시스템이 유행하였다.

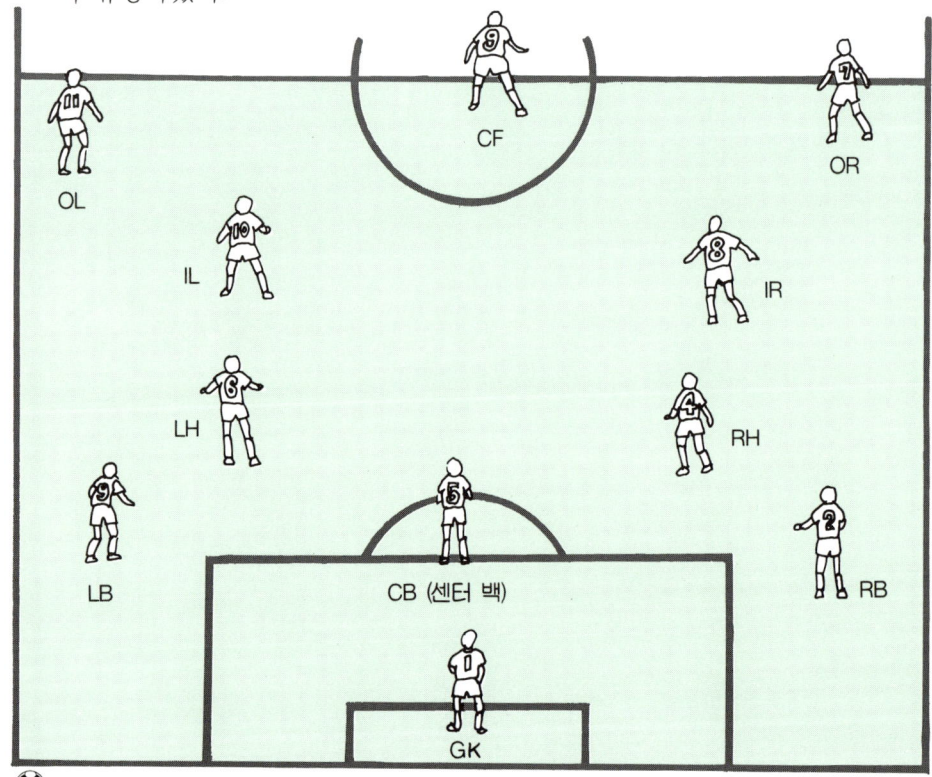

4-2-4 시스템

● 중반의 링크 맨이 클로즈업

이제까지는 오펜스 5명, 디펜스 5명으로 나뉘어져 있던 것을 각각 한 사람씩 줄여서 중반에 두 사람을 배치했다. 이 두 사람이 공격시에는 공격에 가담하고 수비할 때는 수비를 하는 것이다. 이 두 사람을 링크 맨이라 한다. 연결이란 의미이다. 따라서 말할 것도 없이 이 두 사람의 부담이 가장 크다.

실제로는 공격, 수비를 한 사람씩 분담하지 않으면 무리이다.

이 시스템은 1958년의 월드컵 때 브라질 팀이 사용하고부터 세계적으로 알려지게 되었다.

이 시스템의 장점은 공격에서 수비, 수비에서 공격으로 신속하게 전환할 수 있다는 점이다. 중반의 링크 맨이 윤활류 구실을 하는 것이다.

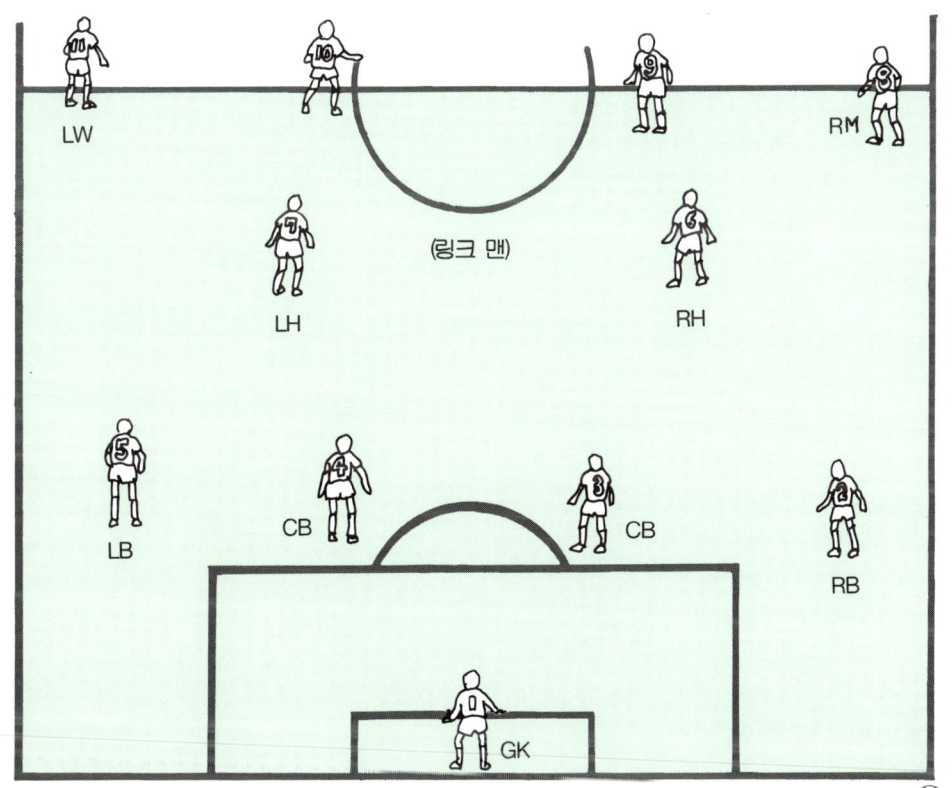

시스템에 대하여

● 세계적으로 널리 보급된 가장 대중적인 시스템

4-2-4 시스템이 변형된 시스템이다.

포인트는 디펜스 라인을 네 사람으로 한 것이다.

즉 상대편 포워드(세 사람)보다 한 사람 많다(수적 우위라 한다). 맨 투 맨으로 달라붙으면 한 사람이 남게 된다. 그 플레이어를 스위퍼라고 한다. 이 선수는 글자의 뜻 그대로 '청소를 하는' 역할이다. 자기 편 백이 떨어뜨린 먼지를 깨끗하게 청소하는 것이다.

디펜스 라인을 네 사람으로 했다는 것으로서 이 시스템은 수비 일변도라고 볼지도 모르지만 실은 그렇지 않다. 오히려 공격적이라고 할 정도이다.

이 시스템이 되고부터 축구의 포지션에 대한 사고 방식이 달라지게 되었다.

디펜더는 디펜스만 하고 있으면 되는 것이 아니다. 적극적으로 공격에 참가하고 슛도 계속 날려야 한다.

이것을 바꾸어 말하면 전원 공격, 전원 수비라는 것이다. 축구의 원점으로 되돌아갔다고 할 수 있는 시스템이다. 다만 극히 조직적으로 되어 있기는 하지만 ──.

● 4-3-3 시스템을 구사하기 위하여

이 시스템을 잘 사용하기 위해서는 물론 플레이어 각자의 능력이 요구된다.

그리고 디펜더라 하더라도 슛을 할 수 있어야 한다. 헤딩 기술도 요구된다. 이제까지와 같이 디펜더는 그저 지키기만 하면 되는 것이 아니다. 센터 포워드가 디펜스하고 스위퍼가 슛도 해야 한다.

지금은 그런 시대가 된 것이다.

이렇게 됨으로써 축구는 훨씬 더 재미있게 되었다고 할 수 있다.

즉 플레이어는 전원이 올라운드 플레이어가 되지 않으면 안 된다. 그리고 정확한 볼 콘트롤을 하고, 어느 선수나 몸싸움에도 강해야 한다.

아무튼 분업 시대는 이 시스템의 등장으로 완전히 종말을 고했다고 해도 과언이 아니다.

System

• 4-3-3 시스템의 역사

4-3-3 시스템은 앞에서 말한 바와 같이 1958년 월드컵 대회 때 처음으로 세계에 알려진 4-2-4 시스템을 토대로 한 것이다.

4-2-4 시스템은 브라질을 중심으로 하여 발달하였으나, 처음으로 4-3-3 시스템을 세계에 선보인 나라는 잉글랜드였다. 1966년의 월드컵 대회 때 잉글랜드 팀이 4-3-3 시스템을 써서 우승을 차지했던 것이다.

그 다음 월드컵 대회(1970) 때는 4-2-4 시스템의 발명자인 브라질 팀이 4-3-3 시스템으로 바꾸어 우승했다.

이렇게 되자 세계는 완전히 4-3-3 시스템으로 바뀔 정도였다. 현재 WM형은 전혀 쓰이지 않고 있다. 우리 나라에서도 4-3-3 시스템의 전성기로 고등학교 팀들도 거의 이 시스템을 쓰고 있다.

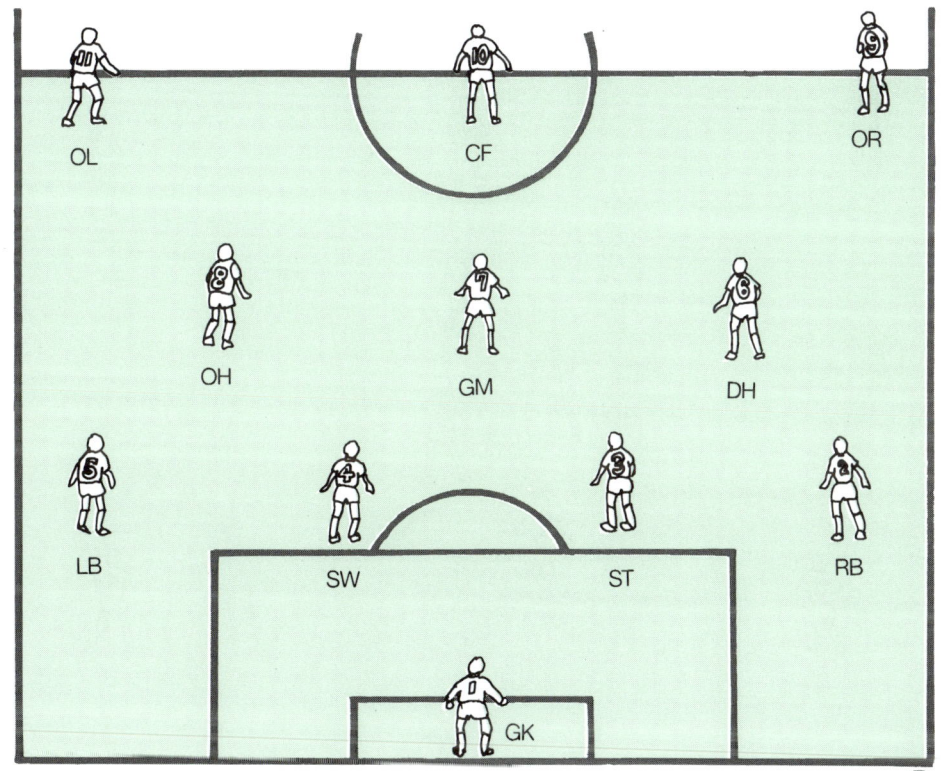

시스템에 대하여

스위퍼 시스템

● 스위퍼 한 사람만 자유롭게 한 시스템

리베로란 이탈리아 어로서 '자유인'이란 뜻이다. 즉 축구에서는 자유롭게 움직이고 돌아다니는 플레이어를 말한다.

현대 축구에서 스위퍼는 공격면에서도 큰 비중을 차지하고 있으므로 리베로라는 호칭이 더 어울릴지도 모른다.

스위퍼가 백 라인의 배후에 있으면서 때로는 공격에도 참가한다는 것이 스위퍼 시스템이며, 이것은 과거의 4-3-3 시스템과 똑같다. 스위퍼를 배치했을 경우, 백 라인은 맨 투 맨으로 디 펜스한다.

스위퍼는 종종 공격에도 가담하기 때문에 그 포지션이 비게 된다. 그 때 백을 맡고 있는 플레이어가 대신 그 자리에 들어와서 커버한다. 그 때의 백은 WM시스템의 3백형이 된다.

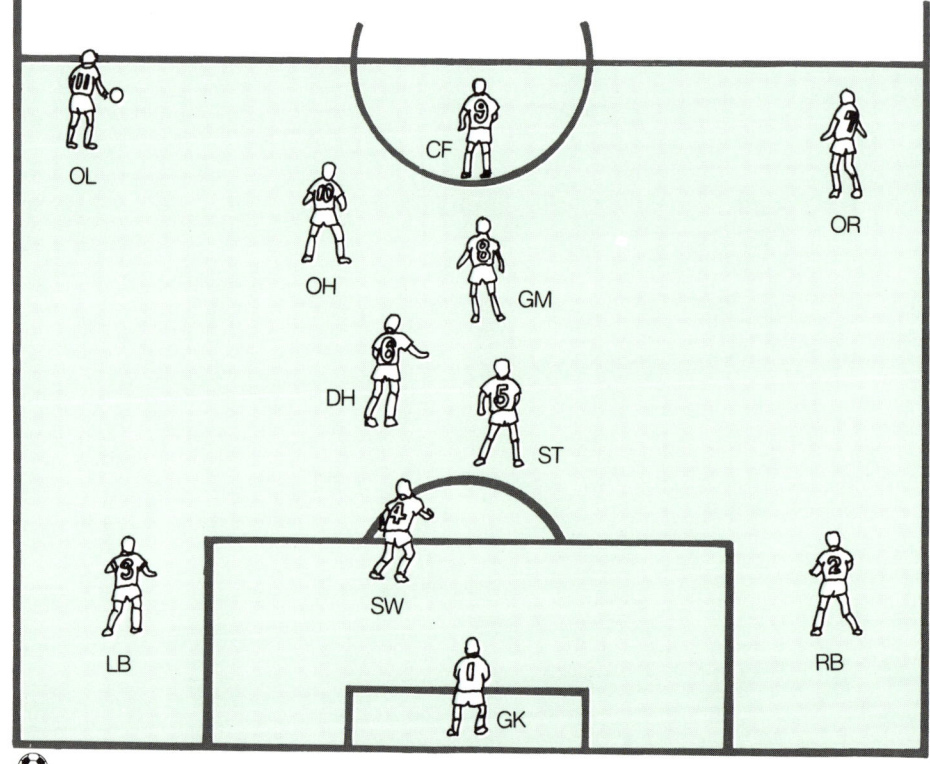

4-4-2 시스템

● 포워드진을 한 사람 중반에 넣은 수비 중시의 시스템

이것 역시 4-3-3 시스템의 계열이라고 생각해도 좋다. 미드필더를 4명으로 하여 약간은 디펜시브한 포진이다.

잉글랜드 팀이 고안해낸 시스템으로, 가장 기본적인 시스템 중의 하나이다.

현재는 톱 레벨의 팀에서 이 시스템을 많이 채용하고 있다.

톱에 두 사람을 포진시키는 형이 되기 때문에 투 톱 시스템이라고도 한다. 4-3-3 시스템의 포워드 중 한 사람을 중반으로 옮겨놓은 형으로 되어 있다.

수비를 두텁게 해서 기회를 보았다가 역습한다. 그러한 전술을 사용하는 것이 이 시스템이다.

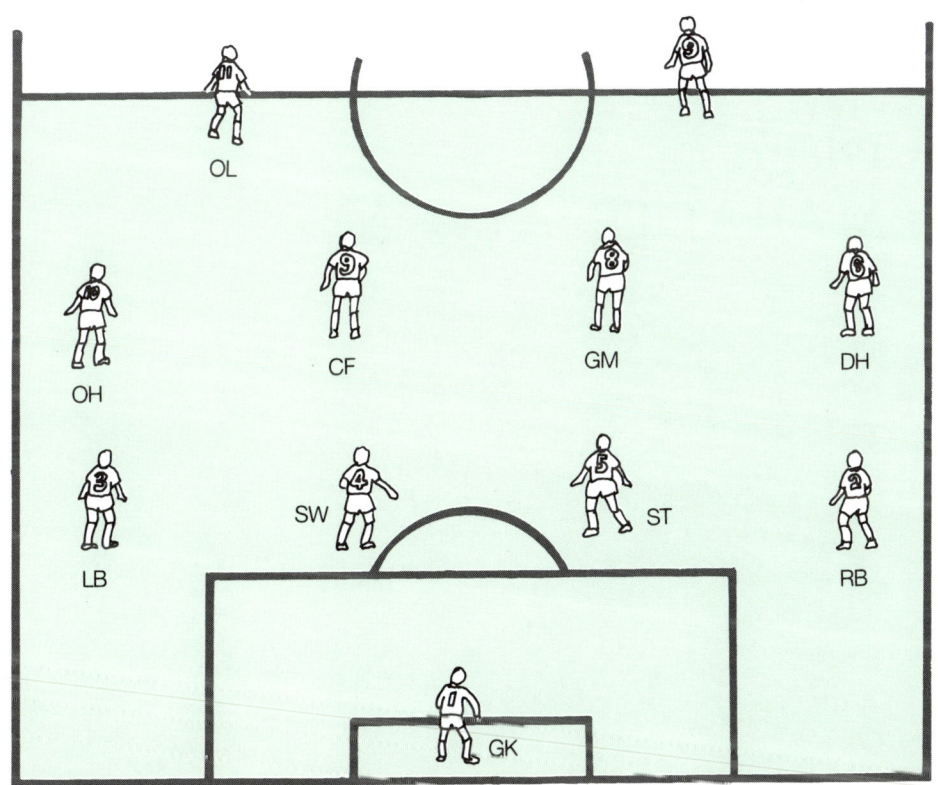

펠레 (브라질 → 미국, 은퇴)

Pelé

1940년, 브라질에서 출생. 본명은 에드슨 아란테스 드 나시멘트이며, 15세 때 명문 FC 산토스와 계약, 16세 때는 내셔널 팀에 입단, 17세 때 월드컵(1958년 스웨덴 대회) 때 활약하여 우승. 수퍼 스타의 탄생으로 '흑진주'라 알려진 축구의 귀신.

그 후 세 차례 출전한 월드컵 대회에서 '62년 칠레 대회, '70년 멕시코 대회에서 우승. 1974년 산토스 팀에서 은퇴한 후 미국 N.Y.의 코스모스에서 활약하여 축구 붐을 일으켰다.

1977년 정식 은퇴. 생애 통산 1300개의 골을 넣은 불멸의 대기록을 수립했다.

Diego MARADONA

디에고 마라도나 (아르헨티나 → 스페인 → 이탈리아)

1961년, 아르헨티나에서 출생했다. 스페인의 FC 바르셀로나로부터 약 160억이란 엄청난 계약금으로 이탈리아의 나폴리로 이적하여 '나폴리의 황금'으로 불려진 수퍼 스타.

1978년, 17세 때 아르헨티나의 대표 선수가 되었으며 '펠레의 후계자'라 불렸다. 1982년에는 아르헨티나의 에이스로서 스페인 월드컵 대회에 출전했는데 각국 선수의 철저한 마크로 제 기량을 다 발휘하지 못하고 패했다.

PART 2
필드 플레이어의 기본 테크닉

- 볼 콘트롤이란?
- 키킹에 대하여
- 헤딩에 대하여
- 스톱에서 트랩으로
- 드리블에 대하여
- 페인트에 대하여

볼 콘트롤이란?

● 볼을 친구처럼 다정하게 터치하자

신체와 볼 콘트롤

● 손발의 일부처럼 볼을 다룬다

볼 콘트롤이란 한 사람의 플레이어가 볼을 지배하는 것이다. 마치 손발의 일부인 것처럼 볼을 다룰 수 있으면 완벽한 볼 콘트롤이다.

볼 감각이라는 말을 써도 좋다. 이것은 테크닉이 아니라, 말하자면 수영에서 물에 뜬다는 근원적인 것이다.

이 볼 콘트롤을 무시하고서는 축구를 할 수 없다. 즉 스타트 라인인 것이다.

볼 콘트롤은 근년에 이르러 더욱 클로즈업되고 있다. 플레이어가 볼을 갖고 있는 시간이 더욱 짧아졌다는 것이기도 하다.

축구는 더욱 고도화되어, 한 플레이가 볼을 오래 지배하는 시대는 이미 끝났다. 한 게임에서 1인당 볼 콘트롤 시간은 20년 전에 비해서 훨씬 짧아졌다. 그리고 볼 콘트롤은 어떻게 하느냐가 클로즈업되게 되었다.

● 단번에 콘트롤한다

볼 콘트롤은 그것 자체가 독립된 것은 아니다. 슛의 패스로 옮길 때의 동작이다.

그 동작을 어떻게 하면 보다 빨리 할 수 있는가? 그것이 바로 볼 콘트롤의 포인트이다. 볼 콘트롤은 신체의 모든 부분을 사용해서 한다. 가슴, 무릎, 머리 등을 사용해서 콘트롤한다. 그럴 때 닿는 횟수를 적게 해야 한다. 신체의 여기저기에 닿아서 볼에 조롱당하는 것처럼 되어서는 안 된다. 신체의 어딘가에 한 번 닿은 다음에는 즉각 자기가 목표로 하고 있는 곳으로 콘트롤하여 다음 동작으로 옮길 수 있어야 한다.

볼 저글링

● 볼 저글링이란?

저글링이란 장난치다, 농락하다라는 뜻인데 볼 저글링이란 발이나 머리로 볼을 자유롭게 다루는 것을 말한다. 볼 리프팅이라고도 말한다.

Ball Control

　축구 연습은 기본적으로 그룹으로 하지만, 이 연습만큼은 혼자서 한다. 또 장소에 구애됨이 없이 어디서나 할 수 있다.
　볼과 친숙해지기 위해서는 볼 저글링 연습이 가장 적합하다.
　볼 저글링은 머리나 무릎이나 발을 사용해서 하는 동작인데 신체의 일부만 사용하는 것이 아니다. 몸 전체를 사용하는 동작이라고 생각해도 좋다. 전신의 탄력을 이용해서 리드미컬하게 움직인다.

● 볼 저글링의 요점

　볼은 항상 그 중심을 차는 것이 중요하다. 중심에서 빗나간 곳을 차면 방향이 달라지고 확실성이 없다. 이것은 연습 때부터 언제나 볼의 중심을 보는 것이 중요하다.
　양팔로 밸런스를 잘 잡아야 하는 것도 잊어서는 안 된다. 한쪽 발로 선 채 하는 동작이므로 밸런스를 잡아야 하는 것은 특히 중요하다.
　밸런스를 잡기 위해서는 축(軸)이 되는 발을 부드럽게 이완된 상태를 유지한다.

● 킥 업

　볼을 발끝으로 눌러서 조금 앞쪽으로 당긴다.
　그런 다음 발등에 올려놓고 살짝 든다. 곧바로 정확하게 올리는 연습을 한다. 손을 사용하지 않고 언제나 이렇게 볼을 자유롭게 다룰 수 있도록 한다.

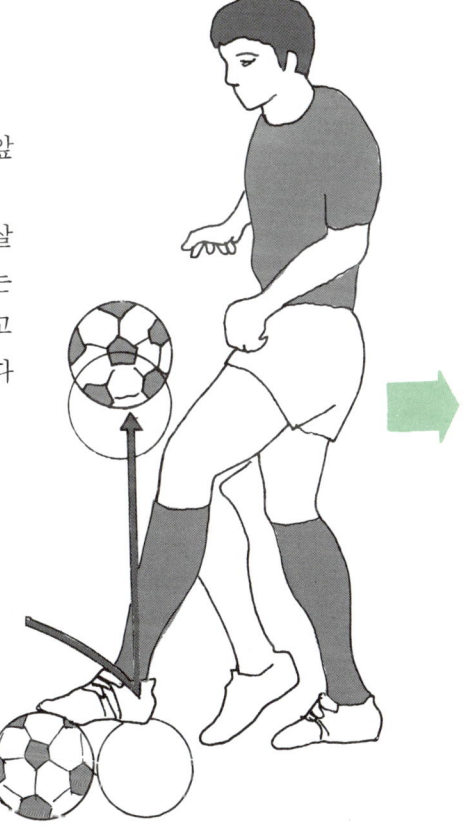

볼 콘트롤

LEFT INSTEP

• 인스텝

우선 킥업하여 볼을 위로 올린다. 올린 볼은 발목을 구부려서 차올린다. 오른쪽, 왼쪽 발을 바꾸어 연습하면 좋다. 이것이 익숙해지면 몇백 번이고 계속할 수 있게 된다. 발목을 고정시키는 것이 중요하다.

Ball Jagging

RIGHT INSTEP

지코 (Arthur Antunes Colmbra Zico)

■1953년 브라질 태생. 형제가 모두 프로 축구 선수라는 환경에서 자라난 지코는 14세 때 리오의 명문 팀인 플라멩코로 들어가서 프로 선수가 된다. 20세 때는 이미 팀의 에이스로 활약하였으며, 1976년에는 브라질 대표 선수가 되었다. 슛은 천재적이었으며 '흰 펠레'라 불렸다.

루메니게 (Karl-Heinz Rummeigge)

■1955년 독일 태생. 루메니게는 1974년에 FC 바이에른에서 프로로 데뷔. 당시의 바이에른은 베켄바우어나 뮬러가 있던 유럽 제일의 팀이었는데 1976년에는 대표 선수가 되었다. 1980년, 1981년 2년 연속 유럽 MVP로 선정되었다. 'Mr. 유럽'이라 불린 유럽에서 제일 뛰어난 두뇌를 가진 스트라이커였다.

● 볼 콘트롤이란

INSIDE

● 인사이드

무릎은 바깥쪽으로 구부리고 발목 안쪽에 볼을 댄다. 차는 발은 발목의 안쪽을 평평하게 하고 발끝을 정강이 부분으로 들어올리면 발목을 고정한다. 곧바로 올리기는 어렵다. 무릎은 쿠션처럼 사용하고, 양팔로 밸런스를 취하는 것이 포인트.

뱅크스 (Gordor Banks)

■잉글랜드 태생인 뱅크스는 세계 제일의 골 키퍼로 '잉글랜드 은행'이란 닉 네임을 갖고 있었다. 11세 때부터 키퍼였으며 대표팀에 선발된 1963년부터 자동차 사고로 오른쪽 눈을 실명하여 은퇴(1972년)할 때까지 활약했다. 특히 그의 견실 무비한 플레이의 극치는 1970년, 멕시코 월드컵 때 그 절묘한 헤딩 슛을 저지했다.

Ball Jagging

OUTSIDE

● 아웃사이드

인사이드나 마찬가지로 발목 바깥쪽의 평평한 부분을 사용한다. 복사뼈가 튀어나와 조금 방해가 되겠지만 복사뼈 아래 부분은 비교적 평평하다.

뮐러 (Gerd Müller)

■1945년 독일에서 출생. 축구 소년 뮐러는 18세 때 명문 FC 바이에른에 입단한다. 1979년 미국 팀으로 이적하기 전까지 '범버(폭격기)'라 불리던 그는 전광석화 같은 슛을 날려서 초인적인 득점력으로 활약했다. 특히 1974년 독일에서 열린 월드컵 결승에서는 2대 1로 네덜란드를 이겼으며 우승과 득점왕을 한꺼번에 차지했다.

● 볼 콘트롤이란

LEFT THIGH

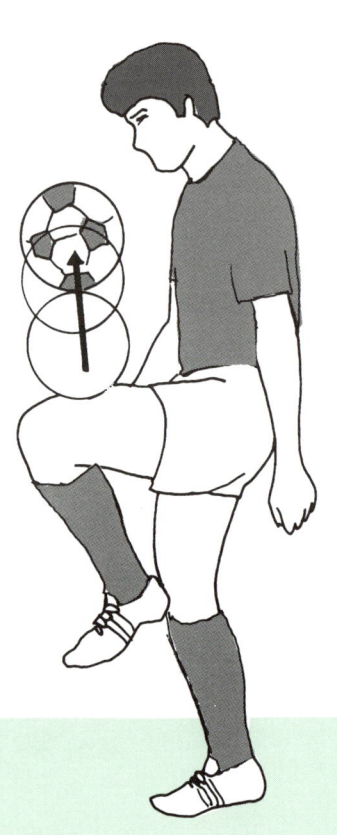
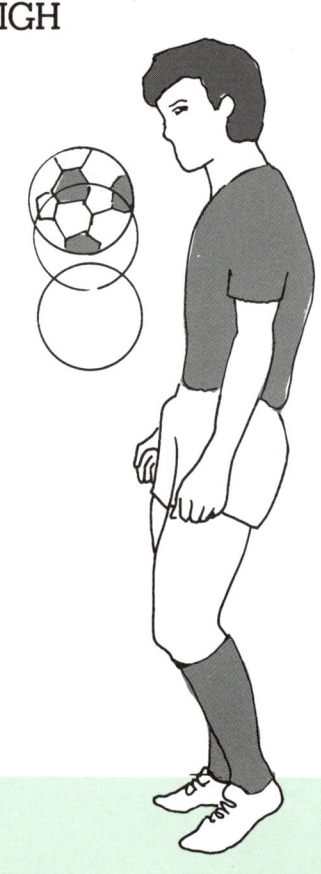

● 무릎

무릎을 들 때, 수평이 되도록 주의한다. 그렇게 하지 않으면 볼은 바로 위로 올라가지 않는다. 볼이 무릎에 닿을 때 여러 가지로 힘을 바꾸어보는 것이 좋다.

어느 저글링이나 모두 같지만 리드미컬하게 볼의 중심을 보면서 하는 것이 중요하다.

베스트 (George Best)

■1946년. 북아일랜드 출생. 베스트는 15세 때 명문 맨체스터 U에 스카웃되어 17세 때 프로로 데뷔했다. 경이적인 볼 콘트롤과 뛰어난 드리블로 축구 팬들의 아이돌이 되었다. 1968년에는 유럽 선수권에서 우승하고 MVP로 선발되었다. 70년대로 들어서자 최대의 무기였던 드리블로 볼을 지나치게 갖고 시간을 끌어서 '위대한 아마추어'란 평을 듣기도 했다.

Ball Jagging

RIGHT THIGH

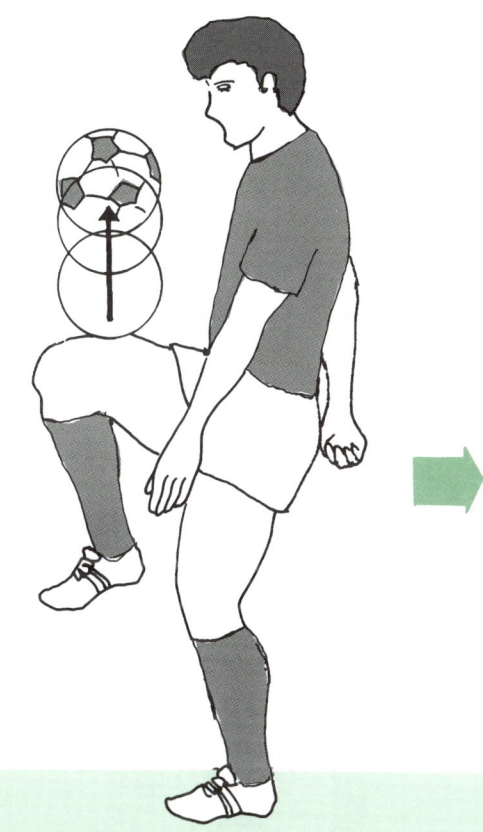

마이어 (Sepp Maier)

■1946년 독일 출생. 세계적 골 키퍼의 마이어는 코미디언도 무색할 만큼 웃음을 자아내게 하여 '요술사'라 말을 들었다. 1963년, 19세 때 FC 바이에른과 계약. 1966년부터는 대표팀 수문장을 맡았다. 특히 1974년의 월드컵 결승전 때는 네덜란드의 토탈 축구의 맹공을 1실점으로 억제하여 우승하였다. 1979년 자동차 사고로 39세에 은퇴했다.

가린샤 (Roberto Garrincha)

■가린샤는 언제나 펠레와 비교된 브라질 축구계의 천재 선수였다. 등 번호 10번의 펠레가 '불멸의 골 스페셜리스트'라 불린 데 대하여, 볼 콘트롤의 천재였던 가린샤는 등 번호가 7번이였으며 '세계의 드리블 왕'으로 군림했다. 6세 때 걸렸던 소아마비로 해서 왼쪽 다리가 6cm나 짧아 '다리가 굽은 천사'라 불렸다.

●볼 콘트롤이란

SHOULDER

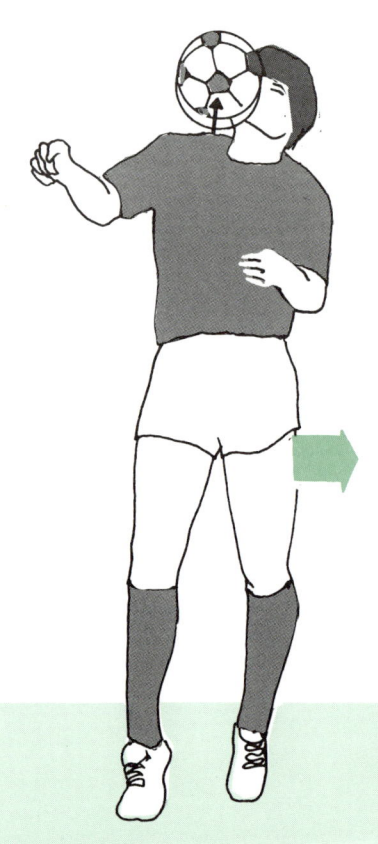

●어깨로 받는다

볼을 너무 높게 들어올리지 않는다. 볼 아래로 어깨를 대고 살짝 들어올린다. 이때는 어깨만 움직이는 것이 아니라 온몸을 들어올리도록 한다. 그리고 이때는 무릎의 쿠션을 이용한다. 이 저글링은 다른 저글링과 연관시켜 하면 효과적이다.

> **켐페스** (Mario Kempes)
>
> ■1954년에 출생한 켐페스는 스페인의 발렌시아에서 활약한 적이 있는데 그를 영웅으로 만든 것은 그의 고국인 아르헨티나 월드컵(1978년)에서 6골을 넣어서 득점왕과 아르헨티나에 첫 우승을 안겨주었을 때였다. 그의 직선적인 드리블은 '엘 사타도르(투우사)'의 명칭에 걸맞으며 왼쪽 사이드에서 파고 들면서 차는 슛은 매우 강렬하다.

Ball Jagging

HEAD

 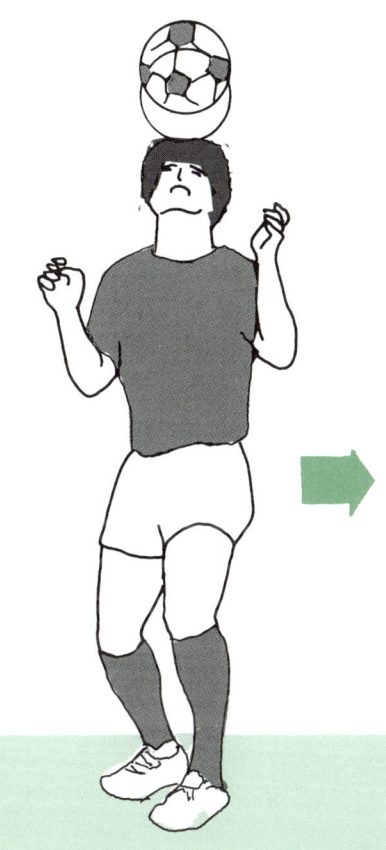

● 머리로 받는다

몸 전체의 밸런스가 중요하다. 볼에서 눈을 떼지 않고, 무릎으로 밸런스를 잡는다.

처음에는 높게 올려보고 다음에는 점점 낮게 해본다. 그리고 이마 위에 정지시킨다. 이것은 물론 실용성은 없지만 볼의 중심부를 잡는 듯 밸런스 감각을 기르는 연습이다.

푸스카스 (Perenc Puskas)

■1927년, 헝가리 출생. 헝가리 축구의 전성기에 크게 활약한 푸스카스는 왼발의 살인적인 슛으로 '매직 마자르'라며 그를 두려워했다. 1956년, 그는 스페인으로 망명하여 레알 마드리드의 중견 선수로 유럽선수권 5연패의 위업을 달성했다. 1960년에는 유럽선수권 외에 세계 클럽 컵에서도 우승했다.

● 볼 콘트롤이란

BREST

● 가슴으로 받는다

무릎은 크게 구부려, 몸이 활처럼 되게 한다. 볼은 가슴에 얹어놓도록 하고 이번에는 몸을 쭉 편다. 볼은 천천히 가슴에서 배, 그리고 땅 위로 굴린다.

몸을 크게 구부리고 가슴으로 볼을 안정시키는 것이 포인트이다.

소크라테스 (Sokrates Brasileiro Olivera)

■1954년. 브라질 출생. 소크라테스는 190cm의 장신으로 의대 출신이라는 이색적인 프로 선수인데, 그의 이름이 시사하듯이 냉정한 플레이를 하기 때문에 팀 메이트간에 평가가 높다. 상대편 골 키퍼의 허를 찌르는 명인으로, 상대편 골 키퍼는 슈트의 정반대로 움직이곤 했다. 또한 독특한 발뒷꿈치나 플레이 등으로 '도토르(닥터)'라 별명으로 불려졌다.

Ball Jagging

THIGH → INSTEP

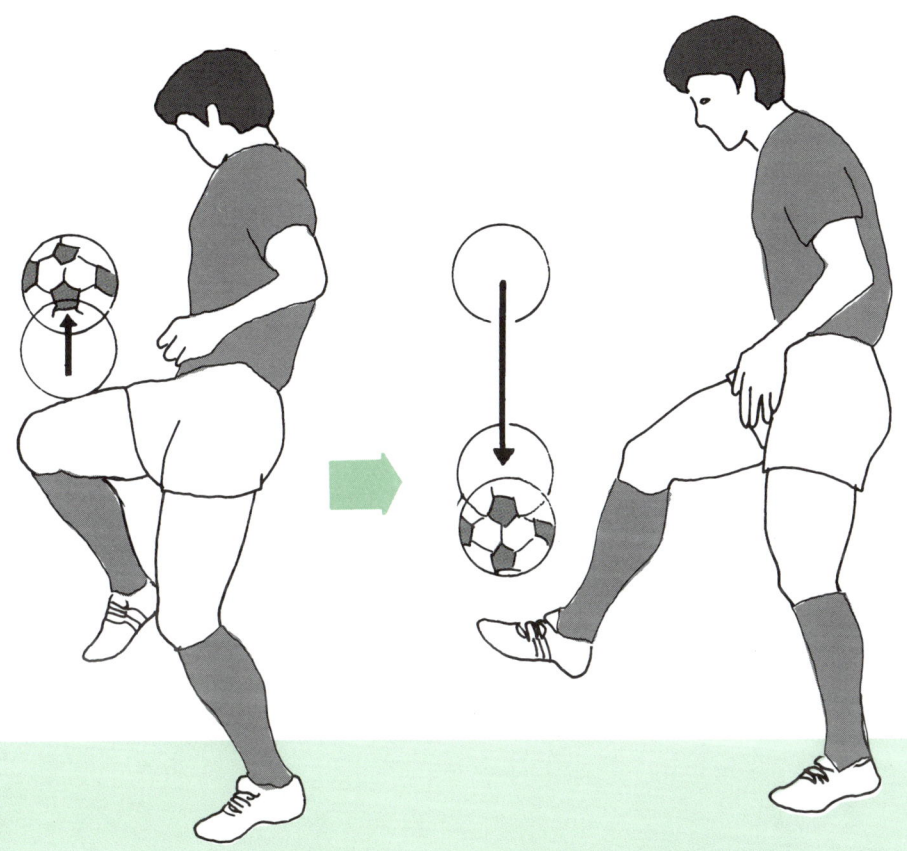

● 무릎에서 인스텝으로

무릎에서 볼을 올렸다가 떨어지는 볼을 인스텝으로 받는다. 또 그 반대로도 한다. 위로 올렸다가 인스텝의 발목을 구부려서 볼을 멈추도록 하는 것이다.

여기서도 무릎의 굴신을 잘 사용하여 신체의 밸런스를 잡아야 한다.

젤러 (Uwe Seeler)

■1936년, 독일 출생. 한 시대 이전의 명플레이어이다. 그의 전성 시대는 '독일의 태양'으로서 국민들의 사랑을 받았다. 1954년부터 1978년까지 독일 국가 대표팀의 CF로 활약했다. 170cm의 작은 키에 날쌘한 선수였지만 헤딩은 초일류급이였으며 머리로 볼을 자유자재로 콘트롤해서 다이렉트로 헤딩 슛을 하는 능력은 세계 제일이었다.

키킹에 대하여

● 패스나 슛은 키킹이 기본이다

키 킹

● **포인트가 빗나가지 않게 한다**

볼 콘트롤 다음에는 킥이다. 헤딩이나 드리블, 슬로우잉 등도 있지만 그러한 것들은 일부이며 플레이어는 언제나 킥을 해야 한다.

키킹은 매우 다채로우며 패스에서 코너 킥, 그리고 슛도 킥에 의해서 이루어진다. 또 킥은 다양하다. 인스텝, 아웃사이드 투 힐 ……. 여러 가지 부분으로 찬다.

어떻게 차는 방법이든 포인트를 벗어나지 않는 것이 중요하다. 어느 포인트가 좋은가는 나중에 설명하기로 하겠지만 정확하게 그 포인트로 차는 것은 의외로 어렵다. 게다가 대개는 달려가면서 볼을 자유롭게 다루어야 하므로 움직이면서 정확하게 차기 위해서는 상당한 연습이 필요하다.

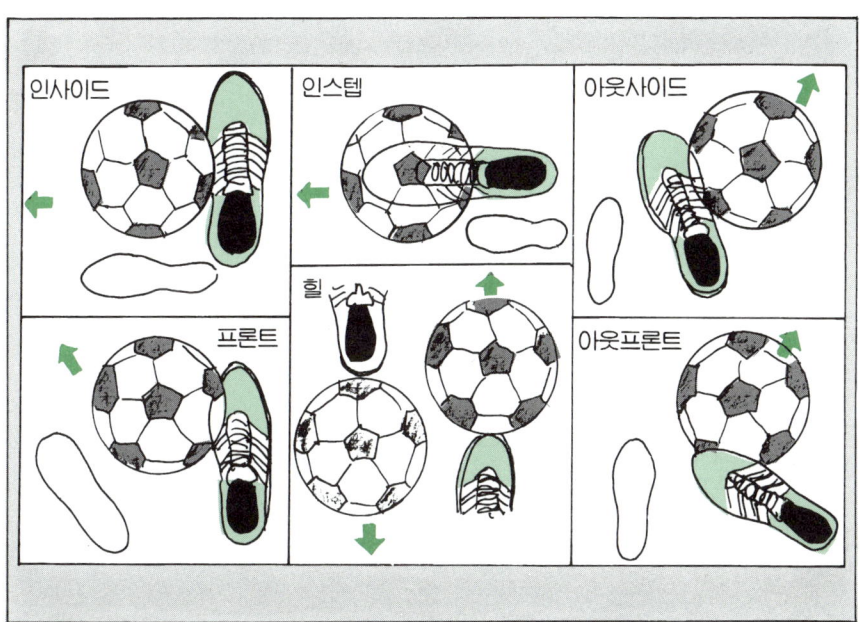

● 킥 바리에이션

킥 스 포 트	명 칭	사 용 포 인 트	유 리 한 포 인 트	불 리 한 포 인 트
발 안 쪽	인사이드	중거리 패스	정확성과 안정성	방향성을 알기 쉽다
발 바 깥 쪽	아웃사이드	단거리 패스 슛	방향성을 간파하지 못한다. 변화한다.	인스텝보다 볼의 힘이 약하다
발 등	인스텝	중·장거리 패스 슛	거리가 생긴다 정확하고 강하다	인사이드 킥보다 방향성이 부정확하다
발 등	인프론트	코너 킥 스핀 볼	거리가 생긴다 응용성이 넓다 변화한다	인사이드 킥보다 방향성이 부정확하다
발 등	아웃프론트	뜬 볼의 송구	거리가 생긴다 방향성도 간파하지 못한다 변화한다	인사이드 킥보다 방향성이 부정확하다
발 끝	토	비가 왔을 때나 진흙탕 속에서 무거운 볼을 찰 때 아군에게 빨리 볼을 패스할 때	빠르고 강하다	방향성이 부정확하고 불안정하다
발 뒤꿈치	힐	뒤쪽으로의 짧은 패스	방향성도 간파하지 못한다	방향성이 부정확하고 불안정하다

●키킹에 대하여

키킹의 기본 테크닉

●축(軸)이 되는 발에 체중을 실어서 안정시킨다

키킹을 할 때 주의해야 될 것은 차는 순간 발이 흔들려서는 안 된다는 것이다. 발이 흔들리면 당연히 볼은 생각했던 방향으로 날아가지 않는다.

그러면 어떻게 해야 흔들리지 않는가?

우선 축이 되는 발에 몸 전체의 체중을 싣는다. 그런데 이것이 잘 안 될 때가 많다. 축이 되는 발에 체중을 실으면 차는 쪽 발이 그만큼 자유로워지고 흔들림도 적게 된다.

찰 때 축이 되는 발은 볼의 약간 뒤쪽에 위치하게 한다.

그리고 차는 순간에 볼을 잘 보아야 하는데 이때는 정확하게 보아야 한다.

찰 때는 백 스윙과 포롤스를 할 필요가 있다. 특히 멀리 찰 때는 힘차게 젓지 않으면 안 된다.

인스텝 킥

●축이 되는 발의 무릎을 구부린다

가장 많이 사용되는 킥이다.

발등 앞쪽으로 세게 찬다. 멀리 띄울 때 효과적이다. 축이 되는 발을 찰 방향으로 향하게 하고, 축이 되는 발의 무릎을 완전히 구부린다. 무릎을 구부리는 것은 몸을 한정시키기 위해서이다.

인스텝 킥은 느닷없이 그라운드에 공을 프레스한 상태로 연습하기보다는 볼이 뜬 상태에서 킥하면 그 느낌을 익히기 쉽다 (잔디 구장에서 하는 연습도 좋다).

Kicking

●커브를 그리는 볼

프로 선수는 커브를 그리는 킥법을 잘 사용한다. 최근에는 고등학교 선수 중에도 커브를 그리며 차는 선수가 있을 정도이다.

그러나 기본을 소홀하게 해서 커브를 그리는 것만 연습해서는 안 된다. 고도의 킥이나 커브도 기본을 익힌 다음에 한다. 이것을 바꿔 말하면 기본기만 있으면 커브를 그리며 차는 것은 어려운 일이 아니라는 뜻이다. 기술적으로는 폴로스루할 때 발끝의 사용법과 볼의 중심에서 벗어난 부분을 차는 두 가지 방법이 있다.

— 키킹에 대하여

인프론트 킥

● 폴로 스루를 충분히

코너 킥이나 센터링을 할 때 흔히 사용하는 킥법이다. 발등 안쪽으로 차서 볼을 높게 띄운다. 몸을 약간 비스듬히 하고 발끝은 차려는 방향으로 향하게 한다. 이때도 축이 되는 발의 무릎은 구부려서 밸런스를 잡는다. 찰 때, 차는 쪽 발의 무릎도 구부려서 무릎에서 아래 부분을 예리하게 흔든다. 그리고 폴로 스루도 충분히 한다. 몸의 중심은 뒤쪽에 두는 것이 바른 자세이다.

아웃프론트 킥

● 전방 45도 방향으로 찬다

발등의 바깥쪽을 사용해서 널리 띄운다. 찬 발의 전방 45도 방향으로 띄우는 것이 바르다.

아웃프론트 킥은 커브를 그리게 할 때 적합하다. 볼의 중심을 약간 벗어나서 차면 점점 오른쪽으로 커브를 그리게 된다(왼발로 찼을 때는 왼쪽으로).

최근 외국의 프로 선수들은 거의 이 킥법을 쓰고 있다. 이것은 매우 수준 높은 킥이다.

Kicking

●키킹에 대하여

인사이드 킥

●발목을 완전히 고정시킨다

발목 안쪽을 사용해서 차는 가장 기본적인 킥법의 하나이다. 가까이 있는 자기 편에게 패스할 때 자주 사용한다. 정확하게 패스하는 포인트는 발목이 흔들리지 않게 주의한다. 발목을 완전히 고정시켜서 살짝 움직인다. 찬다기보다는 밀어낸다는 편이 더 가까울 것이다.

이것은 땅에 놓은 볼로 연습한다. 인스텝 킥과는 반대로 뜬 볼 쪽이 더 어렵다.

아웃사이드 킥

●새끼발가락에 댄다

최근에 잘 사용하게 된 킥법으로 오른발로 찰 때는 오른쪽에 있는 자기편에게 신속하게 패스하게 된다.

역시 트릭을 쓰는 듯한 감각으로 상대방을 잡아놓고 반대로 오른쪽으로 내보는 방법을 쓰기도 한다.

무릎 아래만 예리하게 흔들어서 새끼발가락 밑뿌리 근처에 댄다.

이 경우에도 인사이드 킥을 찰 때와 마찬가지로 가볍게 밀어내는 듯한 느낌으로 차는 것이 좋다.

Kicking

● 키킹에 대하여

토 킥

● 진창 속에서나 드리블 때

발끝으로 차는 킥으로, 용도는 그리 많지 않다. 왜냐하면 발끝으로 하는 킥은 볼과 닿는 면적이 좁기 때문에 볼이 날아가는 방향이 정확하지 못하다. 그러므로 가급적이면 사용하지 않는 것이 좋다.

그러나 우중 게임에서 볼이 잘 움직이지 않을 때나 서로 승강이를 벌일 때는 순간적으로 토 킥을 할 수밖에 없다. 또 드리블로 힘껏 차고 달려갈 때도 사용된다.

① 진창 속에서 토 킥을 하는 장면

힐 킥

● 발뒤꿈치를 이용하여 뒤쪽으로 보낸다

발뒤꿈치로 차는 킥인데 이런 킥을 함부로 사용하는 것은 좋지 않다.

뒤쪽에 있는 볼을 발뒤꿈치로 살짝 들어올려 앞쪽으로 내보내기도 한다. 고등학교 선수라면 필수적인 킥은 아니다.

볼 앞에 몸을 두고 발뒤꿈치로 볼을 차면 상대는 허를 찔린다. 그러나 상황판단을 하지 못하면 부정확해지며 이것은 특별히 연습할 필요가 없다.

② 고도의 테크닉이 필요한 백 힐 패스

Kicking

● 키킹에 대하여

키킹의 하이 테크닉 ①

● 점프 발레 킥

높은 위치에서의 발레 킥은 축구의 테크닉 중에서 가장 어려운 것 중의 하나이다. 점프 발레는 공중에서 킥하는 것이므로 매우 불안정한 상태에서 하게 된다.

따라서 상체는 너무 움직이지 말고, 찬다기보다는 대는 듯한 느낌으로 발을 대는 것이 좋다. 발도 흔들 필요가 없다. 콤팩트하게 대기만 하면 공은 뜨기 때문이다.

점프 발레 킥은 발을 사용한다기보다는 몸 전체를 생각으로 하면 잘 된다. 점프해서 쓰러지려 할 때 볼에 대면 좋다.

박스의 크리에나 포워드의 슛 등, 고도의 테크닉이지만 흔히 쓰는 테크닉이다.

Kicking

키킹의 하이 테크닉 ②

● 오버헤드 킥

체조에서 말하자면 울트라C의 테크닉으로 가장 화려하다. 그러나 화려함에 비해서는 아주 간단해서 고등학교 선수들의 시합에서도 종종 볼 수 있을 정도이다.

오버헤드 킥은 연습만 하면 의외로 누구라도 간단히 할 수 있다. 그러므로 가능한한 연습해두도록 한다. 이 테크닉을 사용하는 기회는 적지만 꼭 오버헤드 킥을 쓰지 않으면 달리 방법이 없는 순간이 있다. 그러한 때를 위하여 연습해두어야 한다.

포인트는 타이밍과 밸런스이다. 매트 운동에서 백 회전 정도를 할 수 있는 능력을 익혀둘 필요가 있다.

헤딩에 대하여

● 축구 특유의 이 테크닉은 눈을 뜨고 바른 위치에서 해야 한다

헤 딩

● 헤딩이란?

헤딩은 축구 특유의 플레이이다. 머리를 사용하여 플레이하는 스포츠는 달리 찾아볼 수가 없다.

축구는 발로 하는 운동이며 헤딩은 어디까지나 특수한 플레이라고 생각하는 사람이 많다. 그러나 헤딩은 축구의 중요한 플레이 가운데 하나이다.

현대 축구에서 헤딩은 불가결한 플레이의 하나라고 생각되며 어떤 플레이어도 헤딩을 한다.

헤딩을 잘하고 못 하고에 따라서 팀의 수준을 알 수 있다고 말할 정도이다. 세계의 축구가 그러한 흐름이 있는 이상 초심자라 하더라도 헤딩 연습을 철저히 하지 않으면 안 된다.

헤딩 연습은 빠른 시기에 하면 할수록 좋다고 한다. 머리의 어느 부분으로 하는 것이 좋은가를 일찍부터 알아두기 위해서이다.

헤딩을 대는 포인트에서 벗어나거나 타이밍이 맞지 않으면 굉장히 아프다. 다시 말하자면 실패하면 아픈 셈이며, 실수를 거듭하는 사이에 헤딩을 기피하려 든다. 그렇게 되지 않도록 미리미리 헤딩의 포인트를 익혀두어야 하겠다.

● 이마의 머리카락이 나 있는 부분으로 한다

볼이 닿는 곳은 머리카락이 있는 부분이다. 이마의 윗부분은 가장 단단해서 여기에 닿으면 전혀 아프지 않다.

그러나 이 부분에 대기 위해서는 언제나 볼을 잘 보고 있지 않으면 안 된다. 도중에서 눈을 감는 것은 금물이다.

헤딩을 할 때는 상체를 뒤로 젖히고 턱을 당긴다. 그리고 반동을 이용하여 앞쪽으로 밀어낸다.

이때 무릎은 어깨와 같은 위치로 하고 양팔도 부드럽게 벌려둔다.

무릎은 구부린 채로 두어 전신의 밸런스를 잡는다. 볼이 오면 이마의 머리카락이 난 부분에 대고, 볼이 날아간 다음에도 공이 날아가는 방향을 본다. 즉 헤딩을 하기 전이나 후에도 결코 볼에서 눈을 떼지 않는 것이 중요하다.

Heading

볼이 닿는 순간은 머리를 흔들거리게 해서는 안 된다. 그러기 위해서는 목에 힘을 주어야 한다. 평소에 목의 근육을 튼튼하게 하는 연습을 하도록 한다.

헤딩의 타이밍은 연습을 거듭하여 체득할 수밖에 없다. 연습은 처음부터 딱딱한 볼을 사용하지 말고 부드러운 볼부터 시작하는 것이 좋다. 대는 곳과 타이밍을 익힌 다음에 공식 시합용 공을 사용하는 것이 좋다.

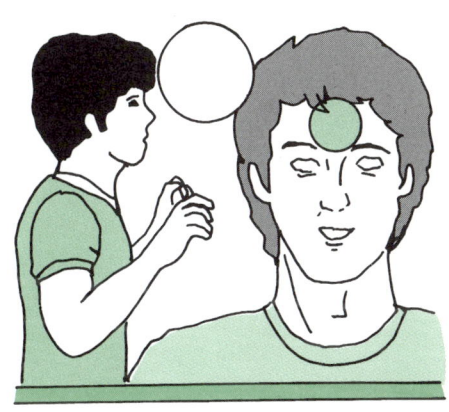

펜텔을 이용한 헤딩 연습

연습 방법(이미지 트레이닝)으로서는 우선 헤딩의 형을 몸에 익혀야 한다. 볼을 사용하지 않고 상반신을 편 채 타이밍을 외운다.

혼자서 연습하는 단계가 끝났으면 다음에는 상대해줄 한 사람과 그 다음에는 두 사람을 상대로 하여 연습한다. 볼을 던지게 한 다음 헤딩하는 방법도 있는데, 가급적 목적을 설정하여 목표한 곳으로 볼을 떨어뜨린다. 연습할 때부터 그러한 목적의식을 갖지 않으면 무게있는 플레이를 할 수 없다.

● 헤딩에 대하여

스탠드 헤딩

● 실전에서도 자주 사용되는 헤딩

무릎을 구부리고 어깨의 폭으로 다리를 벌려서 우선 하반신을 안정시킨다. 다음에는 상반신을 뒤쪽으로 젖히고 머리를 볼에 댄다.

이 헤딩은 실전에서도 많이 사용된다. 가령 볼이 자기의 머리나 가슴 위치에 떨어졌을 때 등이다.

트래핑으로 볼을 처리할 시간적인 여유가 없을 경우 헤딩을 사용한다. 그러나 이 경우에는 상반신을 뒤로 젖히거나 하지 않고 볼에 대는 것을 우선시킨다.

점프 헤딩

● 상반신의 반동으로 볼을 띄운다

점프해서 하는 헤딩은 볼이 어느 방향에서 날아와서 어느 방향으로 보내느냐에 따라서 기술이 달라진다.

그러나 어쨌든 상반신의 반동을 이용해서 볼을 띄우는 것이 포인트이다.

이 경우에도 전술한 바와 같이 눈을 감지 말고 이마의 머리카락이 난 부분에 볼을 대는 것은 똑같다.

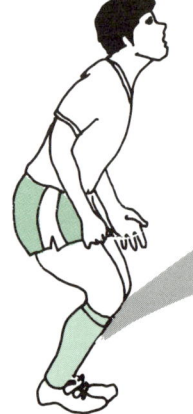

Heading

헤딩에 대하여

방향을 바꾸는 스탠드 헤딩

● 타이밍을 보아가면서

자기 편과 패스하기 위하여 사용되는 헤딩이다. 낮은 볼일 때는 스탠드 헤딩, 높은 볼일 때는 점프 헤딩으로 처리한다.

이러한 헤딩을 할 때 가장 중요한 것은 타이밍이다.

좋은 타이밍으로 볼이 오는 곳으로 달려가서 볼을 잘 보면서 머리를 내민다.

이 타이밍을 익히자면 연습을 거듭할 수밖에 없다.

방향을 바꾸는 점프 헤딩

● 힘을 빼고 터치한다

높은 볼의 방향을 바꾸려면, 특히 몸을 비틀어 힘을 넣을 필요는 없다. 슛할 때는 다르지만 자기 편에게 패스할 경우는 우선 방향을 바꾼다는 목적을 생각한다. 그리고 너무 힘을 가하지 말고 터치하면 된다.

여기서도 스탠드 헤딩 때와 마찬가지로 무엇보다도 타이밍이 중요하다.

자기 편끼리의 패스이므로 발이나 가슴 등 잡기 쉬운 볼로 주는 것이 좋다.

Heading

헤딩에 대하여

헤딩 패스에 대하여

• 주목받고 있는 헤딩 패스

헤딩으로 하는 패스는 해가 갈수록 더욱 많이 사용되게 되었다. 헤딩 패스를 사용하는 전법도 많이 있으며 고도의 테크닉도 있다.

상대편과 자기 편이 뒤섞여서 혼전을 벌이고 있는 경우에는 헤딩 패스가 효과를 발휘할 때가 있다.

헤딩 패스로 슛을 하는 경우도 적지 않다. 가까운 포스트에 있는 플레이어가 높은 패스를 받아서 헤딩으로 받는다. 거기에 자기 편 선수가 달려와서 슛! 이러한 플레이는 고등학교 선수들도 하고 있다.

• 프릭 온 헤딩

헤딩 패스의 고도 테크닉 가운데 하나인 프릭 온 헤딩이란 것이 있다. 이것은 볼을 뒤쪽으로 패스하는 것으로, 매우 어렵다.

Heading

이런 헤딩을 하면 대개 상대는 당황해한다. 볼이 떨어진 지점에 때맞추어 자기 편이 있으면 슛하기도 쉬워진다. 기본적으로는 볼을 이마로 받아서 뒤쪽으로 밀어내듯이 한다.

헤딩 패스의 이점은 이처럼 적을 따돌리는 데 있다.

헤딩 슛에 대하여

● 포지셔닝의 중요성

헤딩 슛이 실전에서는 아주 많이 사용된다. 또 실제로 골이 헤딩으로 결정되는 율도 높다. 특히 코너 킥이나 프리 킥에서 나오는 골에는 헤딩 슛이 많다.

포스트에서 먼 지점에서 하는 헤딩 슛은 볼을 골의 바닥에 때려박듯이 한다. 이때는 포지셔닝이 중요하다. 포스트 가까이에서 하는 경우, 자기 편과의 타이밍이 가장 중요한 포인트가 된다.

이것은 골 키퍼의 곁으로 볼을 띄우는 것이므로 자기 편 선수가 없다면 공격권을 포기하는 것과 같다. 띄우는 위치, 볼의 질, 달려가는 위치를 정하고 타이밍 잡는 법을 연습해야 한다. FK의 경우에도 CK나 마찬가지 경우와 GK가 앞으로 나왔을 때 정면에서 GK의 머리 위로 넘어서 슛을 하는 것은 흔히 볼 수 있는 일이다. 이것은 GK, DF 라인과의 임기응변과 타이밍이다.

헤딩의 하이 테크닉

> **다이빙 헤드**
>
> 축구의 박력을 느끼게 하는 대표적인 플레이이다. 물론 이것은 골문 근처에서 할 때가 많으면 멋져 보이기도 한다.
>
> 그러나 다이빙 헤드는 슛할 때만 사용하는 것은 아니다. 중반에서 패스할 때도 사용하고 디펜스할 때도 사용된다.
>
> 말하자면 그 장면에서는 그렇게 할 수밖에 없는 상황이었기 때문에 사용하는 것이다. 플레이가 멋져 보인다고 해서 함부로 사용하는 것은 절대 아니다.
>
> 이것은 위험한 플레이이므로 연습할 때도 조심하지 않으면 안 된다. 처음에는 매트리스 같은 것을 깔고 딱딱하지 않은 볼로 뛰어든다. 그러므로 조금씩 타이밍을 파악하는 것이 좋다.

스톱에서 트랩으로

● 볼의 마술사는 트랩을 잘 쓴다

스토핑과 트래핑

● 멈추기 전에 판단하라

　스토핑과 트래핑은 따로따로 나눌 수 없는 것이다. 볼을 멈추게 하는 것이 스토핑이고 그 볼을 킥할 수 있는 상태로 하는 것을 트래핑이라고 설명해도 좋겠지만 그것만으로는 충분하지 못하다.
　역시 스토핑과 트래핑과 같이 묶어서 생각하는 것이 가장 이해하기 쉬울 것이다.
　이 동작은 우선 공을 멈추는 일부터 시작한다. 그러나 볼을 멈추기 전에 멈추는 것이 좋은지 나쁜지부터 판단하지 않으면 안 된다. 어떤 볼이든지 모두 멈춘다면 좋은 게임을 할 수 없다. 멈춰도 좋은 것은 주위에 상대편이 없는 장소라야 하며 앞으로 공격하려 하는, 말하자면 게임의 흐름이 끊어졌을 경우 등이다. 그 밖의 경우에는 가능하면 사용하지 않는 것이 좋다. 그 점을 명심하기 바란다.

● 볼을 멈추었으면 곧 발 가까이 있게 한다

　스토핑은 신체의 어느 부분으로나 할 수 있다. 가슴, 배, 무릎, 발바닥 등 어느 부분으로도 멈추게 할 수 있다. 그런데 반드시 다음 순간에는 볼이 발 근처에 와 있어야 한다.
　이것이 익숙해졌으면 적을 가정해서 상대편이 없는 쪽 발 가까이 볼이 있게 한다.
　볼을 멈추는 연습은 혼자서도 할 수 있다. 특히 벽을 사용하는 것이 좋을 것이다. 스피드나 각도를 바꾸어가며 찬 후, 그것을 자기가 멈추는 것이다. 무릎으로 멈추는 경우 등, 신체의 밸런스를 깨뜨리기 쉬우므로 주의해야 한다. 볼을 멈추게 하는 것은 기본 중의 기본이므로 이것조차 하지 못한다면 어떻게 축구를 할 수 있겠는가.

Stop to Trap

● 어디서 멈추느냐를 결정한다

볼을 멈추고, 트래핑하기 위해서는 우선 볼이 온 순간 신체의 어느 부분으로 멈추게 할 것인가를 결정해야 한다. 그 판단이 늦어지면 당황해서 밸런스를 무너뜨리게 된다.

어느 시점에서 멈추는가를 정했으면 그 부분을 자유롭게 하고 릴랙스시킨다. 이러한 것들은 물론 순간적으로 결정해야 한다.

그리고 릴랙스하게 한 부분을, 볼이 온 순간 갖다댄다. 이것이 쿠션의 대용이 되어 볼이 곧 발 근처에 멈추게 될 것이다.

몇 번이고 되풀이해서 해보면 곧 익힐 수 있는 기술이다.

●스톱에서 트랩으로

트래핑의 원리

●네트의 쿠션

볼이 온 순간 가슴이나 배를 안쪽으로 빼는 것이 스토핑과 트래핑의 원칙이다. 왜 그렇게 하는가? 그 원리는 아래 그림을 보면 잘 알 수 있다.

네트를 친 곳으로 볼이 날아온다. 그러면 볼은 네트에 닿게 되는데 힘이 약해져서 그대로 땅바닥으로 떨어져버린다. 볼이 닿는 순간 네트는 어떻게 되었는가? 그대로 쑥 들어가버리는 것이다. 그래서 볼의 기세를 흡수할 수 있는 것이다.

바로 이 네트와 똑같은 움직임을 하면 되는 것이다. 그렇게 하면 볼의 기세를 떨어뜨려서 발 근처에 볼을 멈추게 할 수 있다.

●순간적인 동작

볼을 멈출 때까지의 단계가 스토핑이라면 볼이 멈추어서 지배하기까지의 과정을 트래핑이라 한다.

실제로는 순간적인 동작으로 트래핑한 다음 즉각 다음 플레이로 옮기게 되는 것이다. 천천히 시간을 들여서 트래핑한다는 것은 실전에서는 거의 있을 수 없다. 세계적인 일류 플레이어라도 항상 이에 대한 연습을 한다.

●볼을 눈으로 뒤쫓지 않는다

초심자는 스톱이나 트래핑에도 눈으로 뒤쫓게 되는데, 이것이 익숙해지면 유심히 보지 않더라도 볼을 처리할 수 있게 된다.

이렇게 되면 여유가 생기고 적의 움직임이나 자기 편이 어디에 있는지 그 위치에도 눈을 돌릴 수 있다. 이렇게 됨으로써 비로소 축구라고 할 수 있는 것이다.

스토핑과 트래핑은 그 단계가 될 때까지 연습하지 않으면 안 된다.

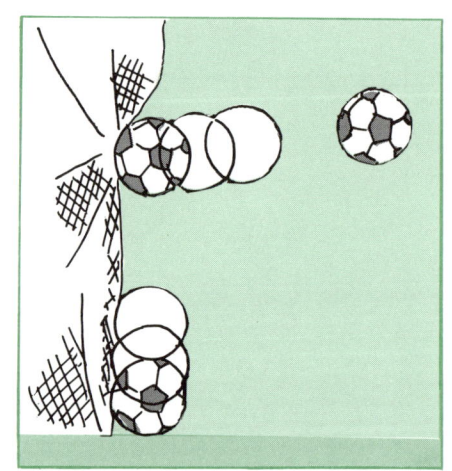

Stop to Trap

쐐기 모양의 트래핑
● 원 터치로 볼을 다룬다

발의 안쪽이나 발뒤꿈치로 볼을 끼는 트래핑의 테크닉이다. 고도의 테크닉이며 초심자로서는 어려울지도 모르겠으나 실제 시합에서 자주 쓰이기도 해서 이것을 꼭 연습해두기 바란다.

이 트래핑은 날아온 볼을 발 안쪽으로 끼고 원터치로 볼을 지배할 수 있게 된다. 몸가짐이 기우뚱해지고 물론 볼을 낀 순간에도 몸이 비스듬해진다. 공중에서 볼을 끼는 동시에 착지(着地)한다. 몸을 비스듬히 해야 하므로 밸런스를 잡는 것이 중요하다.

그러나 이것을 일단 마스터하게 되면 원터치로 볼을 지배할 수 있게 되어 매우 효과적인 트래핑이 된다.

스토핑과 트래핑은 기본적으로 투 터치임을 생각해본다면 이 '쐐기형 트래핑'이 얼마나 뛰어난 것인지 알 수 있다.

뜬 볼의 트래핑

■ 볼을 멈추려면 그 회전 방향과 역방향으로 힘을 넣는다. 이 원리를 응용해서 볼을 역회전시키도록 발을 갖다댄다.

땅에 떨어진 볼은 발로 눌러야 하는데, 볼 위에서 누르거나 볼 옆에 벽처럼 발목을 세우거나 해서는 안 된다. 항상 트래핑하는 발과 지면에 각도가 생기도록 하여 그림과 같은 삼각형을 만들도록 한다.

스톱에서 트래핑으로

인스텝에서의 트래핑

날아온 볼에 발을 가져가서 볼의 스피드에 맞추어 발을 당긴다. 그때 인스텝의 위치에서 볼을 올려놓도록 멈추어 둔다.

스톱 & 트래핑에서 주의해야 할 것은 볼의 기세를 죽이는 동시에 주변 상황을 잘 파악하여 적당한 판단으로 볼 콘트롤한다.

또 볼을 트래핑한 다음에는 상대방에게 볼을 잡을 찬스를 주지 않도록 신속하게 행동으로 옮기고 자기 편이 플레이하기 쉬운 포지션으로 보내는 것이 중요하다.

가슴으로 스톱, 인사이드 킥으로 트랩

● 볼이 닿는 순간 안쪽으로 당긴다

가슴에 대어 스톱시킨 후 그대로 발이 있는 곳으로 떨어뜨려서 발목 안쪽으로 트래핑한다.

가슴에 댈 때, 볼이 닿는 순간 안쪽으로 당긴다는 것은 앞에서도 말했다. 자기 혼자서 위로 던졌다가 볼을 멈추는 연습을 하거나 상대방이 던져주게 하면 좋다.

Stop to Trap

가슴으로 하는 스톱

● 아래로 떨어뜨린다거나, 위로 올린다

가슴에 닿게 할 때는 두 가지 트래핑을 생각할 수 있다. 발 곁에 떨어뜨리거나 위로 올리거나이다.

발 곁에 떨어뜨리는 방법은 앞 페이지에서 이미 해설했으므로 여기서는 위로 올리는 트래핑에 대하여 설명하고자 한다.

높게 뜬 볼을 가슴에 대고 단숨에 기세를 떨어뜨린다. 그리고 공중에서 바운드시킨 다음 발 곁에 떨어뜨린다. 위에서 떨어져내리는 볼은 발 곁에, 라이너성의 높은 볼은 단숨에 올리는 것이 좋다.

●스톱에서 트랩으로

헤딩으로 스톱 → 발바닥으로 트랩

●무릎을 쿠션 대신으로

볼이 닿는 순간, 머리를 약간 끌어당기는 것이 포인트이다.

헤딩의 항에서 말한 것과 같이 신체의 밸런스를 유지하고 양 팔꿈치를 어깨의 위치까지 들어올린다. 무릎을 구부리고 볼이 닿는 순간 쿠션 역할을 하도록 한다. 볼의 기세를 죽인 다음 땅에 떨어뜨려서 발로 트래핑한다.

무릎으로 스톱 → 아웃사이드에서 트랩

●두 손으로 밸런스를 취한다

무릎으로 하는 트래핑이 잘 사용된다. 무릎은 부드럽게, 네트 역할을 해주므로 타이밍만 잘 잡으면 볼을 깨끗하게 떨어뜨릴 수 있다.

무릎을 볼이 닿는 순간 끌어당기는 것은 다른 부분과 마찬가지이다. 한쪽 발을 들기 때문에 양손으로 신체의 밸런스를 잡는 것이 중요하다.

Stop to Trap

드리블에 대하여

● 볼을 다루는 화려한 개인기는 관중을 매료시킨다

드리블

● 드리블의 역사

최근의 축구에서는 드리블이 경시되고 있다. 팀 플레이라는 의미에서 생각하면 드리블은 팀에는 도움이 되지 않는, 혼자서 하는 플레이라는 것이다.

그러나 옛날에는 그렇지 않았다. 1960년대 후반에는 드리블이 세계적으로 유행했었다. 잉글랜드, 스코틀랜드에서는 드리블이 연구되어, 드리블로 상대편을 돌파하는 플레이가 갈채를 받았다.

그 후 영국에서는 급속하게 드리블이 쇠퇴하였다. 조직 플레이의 전성기로 들어서자 드리블러는 등안시당하게 되었다.

그러나 스코틀랜드에서는 사정이 달랐다. 이웃 나라라고는 해도 전혀 다른 축구를 했던 것이다.

스코틀랜드에서는 유명한 드리블러를 잇따라 배출하였다. 이들을 길러내는 토양도 있었다.

그리고 1970년대 후반 아르헨티나의 켐페스가 화려한 드리블 테크닉을 세계에 알려 드리블은 다시 부활하게 된다.

● 드리블이란?

드리블은 팀 플레이를 와해시키든가, 아니면 팀의 승리에 크게 이바지하든가의 어느 하나이다.

영웅이 되기 위하여 무턱대고 드리블을 하는 플레이어는 상대편 선수를 몇 사람쯤 제쳐놓을 수는 있겠지만 팀을 위해서는 별로 도움이 되지 않는다.

반대로 드리블을 함으로써 상대편 수비수를 따돌리고 빈 공간으로 자기 편이 달려가게 하여 패스할 수 있다면 그 드리블은 전술한 팀 플레이가 된다. 말하자면 이것을 사용하는 방법 여하에 달려 있는 것이다.

중요한 것은 드리블이란 무엇인가를 이해하고 플레이할 일이다.

드리블이란 패스나 슛을 위한 보조 수단이다. 드리블 그 자체에는 아무런 의미가 없다고 생각해도 좋다. 달리면서 넓이뛰기를 하는 것이나 다름없다. 어디까지나 패스나 슛을 하기 위한 드리블이다.

Dribbling

● 드리블의 법칙

적진의 패널티 에어리어에서는 드리블을 풀로 사용해야 한다. 이것이 성공하면 골인도 가능하고 상대방의 실수도 기대할 수 있다. 그리고 공격해왔을 때의 패널티 에어리어 안에는 자기 편도 많이 들어와 있을 것이다. 만약 드리블을 하다가 볼을 놓쳤더라도 자기 편이 공을 잡아줄지도 모른다. 그런 만큼 찬스도 늘어날 것이다. 또 상대 선수와 1대 1이 되었을 때는 드리블 돌파로 슛을 날릴 수 있는 정도의 드리블을 할 수 없다면 FW은 맡을 수 없다.

그러나 에어리어 내에서 수비수가 드리블을 해서는 안 된다. 드리블은 상대방에게 빼앗길 가능성이 매우 높은 플레이이기 때문이다.

디펜더가 드리블을 사용해도 좋은 때는 페널티 에어리어를 나온 다음이며 드리블에 의해서 자기 편의 움직임이 시작되어 다음 전개로 들어갈 때 사용하면 매우 효과적이다.

● 드리블의 자세

드리블을 할 때 유의해야 할 것은 언제나 볼을 2~3m 앞에 위치시켜 놓은 것이다. 너무 멀리 차내서는 안 되며 너무 발 가까이 있어도 동작을 제대로 하지 못하게 된다. 항상 등을 쭉 펴고 앞으로 몸을 숙여서 볼을 처리하지 않는다. 볼을 내려다 보면서 주위를 살피는 자세가 아니면 안 된다.

그리고 언제나 패스나 슛할 수 있는 자세를 유지하고 있어야 한다. 앞에서도 말한 바와 같이 드리블은 패스나 슛을 하기 위한 플레이이기 때문이다.

● 드리블에 대하여

상대편을 돌파하는 드리블 ①

상대편 선수의 두 다리 사이로 볼을 빠져나가게 하는 드리블이다. 상대편이 맞은편에서 볼을 빼앗으려고 태클을 걸어오면 상대방의 다리 사이로 볼이 빠져나가게 한다. 상대편 선수의 옆을 빠져나간 볼에 신속하게 다가가서 드리블하여 상대편을 따돌린다.

Dribbling

상대편을 돌파하는 드리블 ②

볼을 갖고 페인트로 돌파하는 드리블이다. 맞은편의 상대편에 대해서 드리블하는 자세로 들어간다. 볼을 가지고 상대방을 교란시키고 페인트에 걸렸으면 오른쪽 발의 바깥쪽으로 반대 방향으로 볼을 밀어내고 그대로 드리블하여 상대편을 따돌린다.

드리블에 대하여

상대방을 따돌리는 드리블 ①

●방향을 바꾸어 따돌린다

발바닥으로 볼을 끌어당겨 상대편한테서 볼을 빼앗는다. 그리고 상대방과 볼의 중간에 몸을 들이민다.

다음에는 볼을 역방향으로 밀어, 몸을 비틀고 그 방향으로 드리블해간다.

Dribbling

상대방을 따돌리는 드리블 ②

● **페인트해서 따돌린다**

이 그림과 같은 상태라면 오른쪽 방향으로 페인트를 건다.

상대편이 오른쪽으로 이동하는 것을 확인한 다음 왼쪽으로 볼을 끌어낸다. 상대편이 움직이는 것을 본 다음에 움직이는 것이 포인트이다.

페인트에 대해서

● 축구의 매력은 변화무쌍한 페인트 플레이이다

페인트

● 페인트란?

페인트는 프로 선수가 잘 사용하는 기술로 화려하기는 하지만 고도의 플레이는 아니다. 오히려 기본 테크닉이라고 해야 한다.

이것은 매우 감각적이어서 일찍 익혀두는 것이 좋다. 지금은 고등학교 선수는 물론이고 중학교 선수도 페인트를 할 수 있을 정도이다. 페인트를 일찍 익혀두는 것보다 더 좋은 일은 없다.

페인트도 드리블과 마찬가지로 그 자체가 독립된 플레이라고는 할 수 없다. 패스나 슛으로 옮겨가기 전의 연속된 플레이의 일부이다. 따라서 연습 방법도 페인트만 연습하는 것보다 패스나 슛까지 포함해서 연습하는 것이 바람직하다.

Faint

● 페인트의 법칙

페인트란 상대편의 의표를 찌르를 것이다. 왼쪽으로 움직이는 체하다가 왼쪽으로, 왼쪽으로 패스하는 체하다 오른쪽으로, 이와 같은 식으로 상대편을 속이는 동작이다.

상대편을 속이기 위해서는 우선 동작을 크게 하는 것이 중요하다. 동작이 작으면 상대편도 따라와주지 않는다.

몸 전체를 사용하여, 처음에는 더욱 크게 움직인다. 상대편이 따라와 주면 다음에는 가급적 신속하게 반대 방향으로 움직인다. 이번에는 민첩성이 필요하다. 신속하게 움직이려면 강력한 근육의 힘이 필요하다. 이 근육의 힘은 훈련을 통해서 붙일 수밖에 없다.

● 자기만의 독창적인 페인트를 몸에 익히자

페인트를 잘 하려면 여러 가지 페인트법을 알아두어야 한다. 언제나 똑같은 페인트만 하면 곧 간파되고 만다.

페인트의 종류에는 여러 가지가 있다. 그것을 하나하나 외우는 것도 중요하지만 알고 있는 것만으로는 도움이 되지 않는다.

이 방법이라면 상대편을 문제없이 따돌릴 수 있는 자기 특유의 페인트를 몇 가지 알고 있어야 한다.

프로 선수도 실제 시합에서 사용되는 페인트는 한정되어 있다. 상대편이 간파했더라도 상대편보다 빠르게 움직이면 페인트를 할 수 있다.

종류를 알아두는 것도 중요하지만 무엇보다도 순발력이 없다면 페인트는 하지 못하게 된다.

● 페인트에 대하여

페인트 테크닉 ①

● 방향을 바꾸는 페인트

상대편이 앞쪽에 왔을 때, 오른쪽 전방으로 나가는 드리블에서 갑자기 방향·전환을 하여 오른쪽 발등의 안쪽으로 볼을 옆으로 내민다.

볼을 왼쪽 옆으로 밀어내어 상대방 움직임과 반대 방향으로 바르게 따돌리는 자세를 취한다. 왼쪽 발등 안쪽으로 볼을 좌측 전방으로 차내면서 크랭크형의 움직임으로 상대편을 따돌린다.

페인트 테크닉 ②

● 차는 체하는 페인트

비교적 간단한 동작으로 앞쪽에서 오는 상대편을 따돌릴 수 있다. 왼발을 넓게 떼고 오른발 인스텝으로 차는 모션을 취한다. 차내린 오른발을 볼 옆에서 멈추고 체중을 왼쪽으로 기울여서 상대편을 따돌리는 자세를 취한다.

오른발 안쪽에서 옆으로 밀어낸 볼과 함께 상대편을 따돌린다.

● 페인트에 대하여

페인트 테크닉 ③

● 볼을 멈추는 페인트

　상대편이 옆에서 볼을 잡으러 왔을 때는 상대편에게 등을 돌리면서 왼발 안쪽으로 신속하게 볼을 멈춘다.
　상대편에 등을 보인 채 볼을 오른쪽 발등 안쪽으로 끌어당긴다. 체중을 오른쪽으로 기울게 하여 상대방을 따돌리는 자세를 만든다.
　오른발로 끌어당긴 볼을 그대로 왼쪽 전방 비스듬히 밀어내서 상대편을 따돌린다.

페인트 테크닉 ④

●볼을 끌어당기는 페인트

 옆에서 쫓아오는 상대편과 반대편 발바닥으로 볼을 멈추어 볼을 뒤로 보낸다.
 몸을 재빨리 앞쪽에서 상대편 뒤로 돌리고 먼저 왔던 방향으로 회전시키면서 상대편과 볼 사이로 들어간다. 180도 회전하여 처음에 왔던 방향으로 다시 돌아섰으면 드리블하면서 상대편을 따돌린다.

프란츠 베켄바우어 (독일 → 미국 → 독일, 은퇴)

Franz BECKENBAUER

'황제'라 불린 베켄바우어는 1945년 뮌헨에서 태어났다. 1958년, FC바이에른에 입단한 그는 탁월한 볼 콘트롤, 팀 통솔력, 냉정한 플레이로 현재 리베로의 스타일을 만들었다. 1974년 독일에서 개최된 월드컵 대회 때도 동료 선수인 G.뮐러와 함께 팀을 우승으로 이끌었다. 미국 NY 코스모스에서는 펠레와 황금 콤비가 되어 활약하였다. 1981년에는 다시 독일로 돌아가서 선수 생활을 했다. 은퇴 후에는 1984년에 대표팀 감독이 되었다.

Michael Platini

미셸 플라티니 (프랑스 → 이탈리아)

1955년 프랑스에서 출생했다. 프랑스 축구계에서 '나폴레옹'이라 불린 플라티니는 18세 때 클럽의 명문인 낭트에서 데뷔. 1979년 산테첸으로 이적했다. 프랑스 리그 시대 여섯 번이나 득점왕이 되었다. 또 1982년 스페인 월드컵 대회에서도 크게 활약했다. 특히 그의 프리킥은 신기에 가깝다.

이탈리아의 유벤투스에서도 2년 연속 득점왕이 되는 등 중심적 존재였으며, 1986년 일본에서 개최된 도요타 컵에서도 활약했으며 남미 대표이던 아르헨티나 주니어즈에게 승리를 거두어 세계 클럽 컵을 받았다.

PART

골 키퍼의 기본 테크닉

- 골 키퍼란?
- 캐칭에 대하여
- 펀칭에 대하여
- 드로잉에 대하여
- 킥킹에 대하여

골 키퍼란?

● 용사의 멋진 두 손은 축구의 꽃이라 할 수 있는 포지션이다

골 키퍼

● 골 키퍼란?

축구에 대해서 잘 모르는 사람은 골 키퍼를 경시하는 경향이 있다. 다른 필드 플레이와는 달리, 활동량도 적기 때문에 그렇게 보이는지 모르겠다. 그러나 사실은 골 키퍼만큼 중요한 포지션은 없다고 해도 지나친 말은 아니다. 눈에는 잘 뜨이지 않지만 가장 화려한 포지션이다.

실제로 미국 팀에서는 특히 골 키퍼가 인기도 있고 스타 선수도 많다.

축구에서는 스트라이커가 반드시 스타여야 할 필요는 없다. 외국의 축구 팬들은 그 점에 대해서 너무 잘 알고 있다. 따라서 골 키퍼에 대한 관심 또한 높다.

우리 나라에서도 최근에는 골 키퍼에 관심이 쏠리게 되었다. 그것은 우리 나라에도 축구를 이해하는 팬들이 늘어났다는 뜻이기도 하다.

● 백 넘버 1번은 골 키퍼

축구에서는 센터 라인이 가장 중요하다. 센터 포워드, 게임 메이커, 스위퍼, 그리고 골 키퍼이다.

그 중에서도 골 키퍼는 팀에서 첫째로 꼽는다.

골 키퍼가 팀의 컬러를 바꾸어놓는다고도 한다. 그 팀이 어떤 팀이 되느냐는 골 키퍼에 달려 있다.

강한 팀일수록 좋은 골 키퍼를 갖고 있다. 골 키퍼는 팀의 얼굴이라고 할 만큼 중요한 존재이다.

축구에서는 단 1점으로 승패가 결정될 때도 많다. 들어가야 할 공이 상대편 골 키퍼 때문에 넣지 못했다면 어찌 되겠는가? 종이 한 장 차이인 승패의 열쇠를 쥐고 있는 선수가 바로 골 키퍼인 것이다.

● 축구를 가장 잘 이해하고 있는 선수가 골 키퍼

골 키퍼는 다른 필드 플레이어들과는 달리 손을 사용할 수 있다. 따라서 당연히 플레이의 내용도 다르게 된다.

그렇다고 해서 누구나 축구를 시작할 때부터 골 키퍼 연습만 한 것은 아니다. 그렇다면 반대로 우수한 골 키퍼로는 되지 않는다.

Goalkeeping

골 키퍼도 처음에는 필드 플레이어였다. 그 경험이 바탕이 된다.
그러므로 어떤 의미에서는 축구를 가장 잘 이해하는 사람이 골 키퍼이다.
골 키퍼가 얼마나 중요하고 어려운지 알 수 있을 것이다.

골 키퍼의 조건

● 용기는 골 키퍼의 필수 조건

골 키퍼가 될 수 있는 조건으로는 우선 키가 큰 것이 좋다. 그리고 몸이 튼튼해야 한다. 골에어리어 부근에서는 종종 혼전을 벌이기 때문이다. 신장은 180cm 이상이 바람직하다.

판단력도 중요하다. 감각도 야구의 외야수 같은 감각이 필요하다. 볼이 날아왔을 때 순간적으로 어느 쪽으로 움직여야 할지를 판단하는 능력이 필요하다.

백에게 지시를 할 수 있는 능력도 요구된다. 앞에서도 말한 바와 같이 게임의 흐름을 이해할 수 있는 능력도 필요하다.

그리고 무엇보다도 용기가 필요하다. 볼을 잡으러 갈 때는 위험도 따르지만 그때 뒤로 물러서버린다면 골 키퍼의 자격이 없다. 돌진하여 부상을 당하는 일이 있더라도 볼을 놓치지 말아야겠다는 용기가 있어야 한다. 선천적으로도 소극적인 사람은 적합하지 않다.

캐칭에 대하여

● 키퍼의 기본 필딩은 볼 캐치에 있다

캐칭의 기본

● 신체의 정면으로 캐치

우선 볼에 신속하게 반응할 수 있는 자세를 취한다. 어깨폭 넓이로 두 다리를 벌리고 무릎을 구부린다. 몸을 약간 앞으로 구부려 발끝에 체중을 싣도록 한다.

손은 앞쪽으로 내놓고 신체의 중심으로 언제라도 공을 받을 수 있도록 한다.

공이 오면 반드시 신체의 정면으로 캐치한다. 어떠한 높이의 볼이라도 반드시 신체의 정면으로 잡는다. 이것이 가장 중요하다.

잡은 볼은 곧 가슴에 안는다. 차지당하여 볼을 떨어뜨리거나 하는 일이 없도록 될 수 있는 대로 꽉 잡는다.

발 곁으로 굴러오는 볼을 캐치할 때는 한쪽 다리를 구부려서 볼을 잡는다. 가령 손으로 잡는 데 실패하더라도 다리에 닿아서 골인을 방지할 수 있기 때문이다. 이때 만의 하나라도 공을 잡지 못한다면 실수는 돌이킬 수 없게 된다.

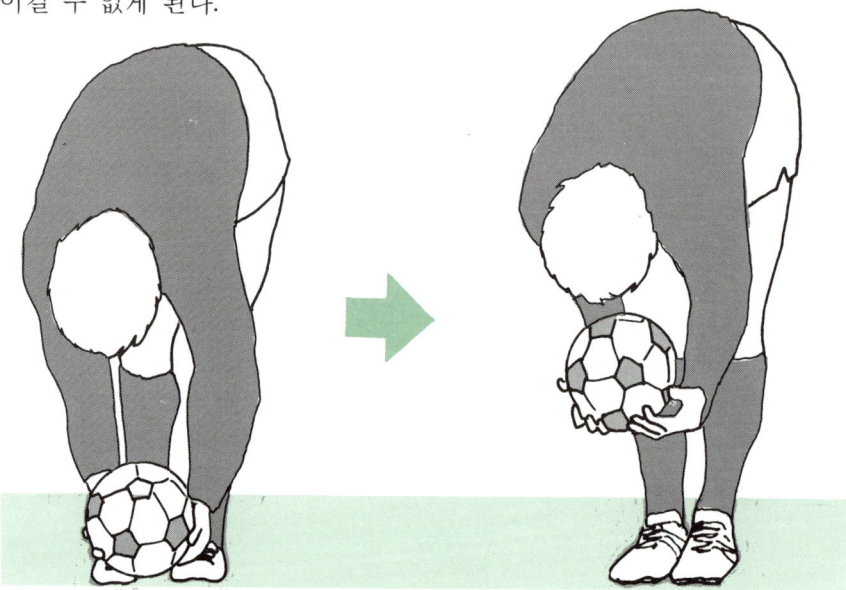

Goalkeeping

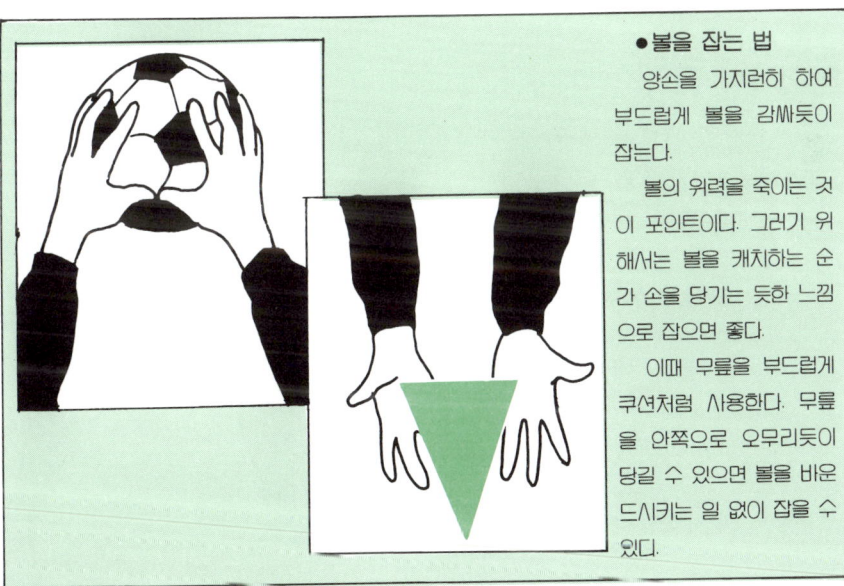

● 볼을 잡는 법

 양손을 가지런히 하여 부드럽게 볼을 감싸듯이 잡는다.

 볼의 위력을 죽이는 것이 포인트이다. 그러기 위해서는 볼을 캐치하는 순간 손을 당기는 듯한 느낌으로 잡으면 좋다.

 이때 무릎을 부드럽게 쿠션처럼 사용한다. 무릎을 안쪽으로 오무리듯이 당길 수 있으면 볼을 바운드시키는 일 없이 잡을 수 있다.

●캐칭에 대하여

땅볼의 캐칭

정면에서 굴러오는 땅볼은 두 종류가 있다. 프리한 상태일 때와 상대편이 달려오는 경우이다.

상대편이 있을 때는 허리를 낮추고 한쪽 무릎을 땅에 대어 볼의 코스를 차단한다.

상대편이 없을 경우에는 보다 안전하고 확실하게 캐치하기 위하여 두 다리를 벌려서 그 발 근처로 볼이 오도록 한다.

옆에서 굴러오는 땅볼은 허리를 낮추고 안정된 자세를 취한다. 왼쪽 땅볼은 오른쪽 다리, 오른쪽 땅볼은 왼쪽 다리의 무릎을 구부려서 캐칭한다. 이때는 잠시라도 볼에서 눈을 떼어서는 안 된다.

라이너성 캐칭

어느 경우에나 볼을 신체의 정면으로 가져가서 잡도록 노력한다.

가슴이나 배로 캐칭할 때는 재빠르게 앞팔로 잡는 태세로 들어가야 하며 또한 순간적으로 몸을 당겨 쿠션 효과를 내도록 한다.

라이너성 볼은 매우 강하며 스피드도 있기 때문에 튕겨져 나가지 않도록 주의한다. 또 아무리 빠른 볼이라도 캐치할 수 있도록 근거리에서 차게 하여 캐치하는 연습을 하는 것이 좋다.

Goalkeeping

● 캐칭에 대하여

가슴 높이의 캐칭

골 키퍼의 기본적인 캐칭이다.
가슴 높이의 캐칭을 하지 못하면 그 다음의 고도의 캐칭은 생각도 못 할 것이다. 캐칭할 때는 볼에서 눈을 떼지 말고 확실하게 잡는다. 캐치한 다음에는 통기거나 떨어뜨린다면 아무런 의미가 없다. 캐치한 다음에는 확실하게 볼을 가슴에 고정시켜둔다.

점프해서 하는 캐칭

땅볼일 때는 가령 공을 놓치더라도 다리로 막을 수는 있다. 그러나 높게 날아오는 볼은 만약 놓치면 그대로 골 안으로 들어가버리는 일이 많다. 그러므로 특히 신중하게 캐칭하지 않으면 안 된다.
캐칭할 때는 손가락끝에 힘을 준다. 충분히 힘을 주지 않으면 통겨져 나간다. 볼을 잡았으면 가슴으로 끌어안든가 그대로 가슴에 끌어당긴다.
점프는 충분히 하고 중단반단의 점프를 해서는 안 된다. 볼을 캐치할 때까지는 눈으로 볼을 확실하게 응시한다.

Goalkeeping

●캐칭에 대하여

캐칭한 볼을 가슴으로 끌어 안는다

캐칭한 다음 가슴께로 끌어안을 경우, 볼을 양팔 안쪽으로 가져간다. 그런 다음 양팔로 감싼다.

점프했을 때는 반드시 지상으로 내려오면서 가슴으로 받는다. 손바닥을 바깥쪽으로 돌려서 볼을 가슴으로 끌어당기면서 동시에 한다.

이것이 익숙해질 때까지는 선 채로 캐칭 연습을 한다.

그런 다음 점차 높은 데서 날아오는 볼을 잡도록 연습하면 좋다.

Goalkeeping

세이빙

위나 옆, 앞쪽에서 날아온 볼에 대해서 타이밍이 맞지 않을 때 쓰러지면서 방어하는 것을 세이빙이라 한다.

골 키퍼의 플레이 중에서 가장 스릴이 있다. 이것을 잘 할 수 있으면 화려하게 관객을 매료시킬 수 있다.

그러나 물론 처음부터 프로 선수가 하듯이 화려한 세이빙을 할 수 있는 것은 아니다.

초심자는 우선 볼이 오는 방향으로 몸의 정면을 향하게 하고 양손을 뻗는 일부터 시작한다. 쓰러질 때는 넘어지는 쪽 다리의 무릎을 구부린다. 이렇게 함으로써 넘어졌을 때의 충격을 줄일 수 있다.

넘어졌으면 가급적 신속하게 볼을 확보한다. 몸으로 덥치듯이 하는 것이 요점이다.

● **땅볼의 세이빙**

볼이 굴러오는 코스로 몸을 이동시킨다. 몸을 쓰러뜨리면서 굴러온 볼을 캐치할 자세를 갖춘다. 캐칭할 때는 볼에 대해서 90도 각도로 몸을 뻗어 잡는다.

펀칭에 대하여

● 볼 클리어의 펀칭은 높이 · 거리 · 방향이 중요한 포인트

펀칭(피스팅)

● 리스크가 큰 펀칭

펀칭이란 양손 또는 한 손으로 볼을 쳐내는 테크닉이다.

상대편이 가까이 없을 때는 당연히 캐칭할 수 있다. 그러나 선수들이 모여 있을 때나 크로스 볼이 날아왔을 때는 볼을 쳐낼 수밖에 없다. 그럴 때 펀칭을 하게 된다.

펀칭에 대해서는 평가가 갈린다. 아무런 주저없이 펀칭을 사용하는 것이 라틴계 나라들의 선수들이다. 그러나 잉글랜드나 스코틀랜드 팀에서는 거의 펀칭을 사용하지 않는다. 펀칭은 사도(邪道)라고 생각하는 것이다. 왠만하게 급한 일이 아니면 펀칭하지 않는다. 펀칭은 모험이며 퉁겨져 나간 볼이 자기 편 선수에게 갈 것인지 상대편 선수 쪽으로 갈 것인지 알 수 없기 때문이다.

펀칭은 큰 위험이 따르는 플레이이다. 말하자면 잉글랜드나 스코틀랜드 팀들은 그런 위험 부담을 하지 않으려는 것이다.

하지만 그들도 펀칭의 필요성은 인정하고 있다. 펀칭이 불가피한 경우도 있다. 다음과 같은 세 경우가 바로 그렇다.

① 볼이 날아온 지점에 상대편 선수가 밀집해 있어서 헤딩을 하려고 할 때로 손을 뻗치면 상대편보다 높은 지점에서 볼에 닿을 수 있으므로 이럴 때는 펀칭할 수밖에 없다.

② 정면에서 볼을 잡을 수 없는 경우 크로스 볼이 낮게 날아왔을 때는 펀칭할 수밖에 없다.

④ 머리 위로 볼이 낳아왔을 경우 그냥 보고 있다가는 골인할 수밖에 없다. 이런 때도 뒤로 움직이면서 펀칭하지 않을 수 없다.

펀칭의 기본 테크닉

● 가급적 양손으로 과감하게!

펀칭할 때 중요한 것은 과감하게 해야 한다. 주저해서는 안 된다. 캐칭이냐, 펀칭이냐, 어느 쪽을 택할 것인지 순간적으로 판단한다.

펀칭하기로 결정했으면 힘껏 한다.

Goalkeeping

어떤 경우에나 양손으로 펀칭할 자세를 취한다. 아무래도 양손으로 할 수 없을 때는 한 손으로 펀칭한다.

펀칭할 때는 가급적 멀리 쳐낸다. 위험부담을 무릎쓰고 하는 펀칭이므로 중도반단의 거리로 쳐낸다면 아무런 의미가 없다. 특히 코너 킥을 펀칭할 때는 확실하게 한다. 이때 실수를 저지르면 상대편이 다가와 슛해버린다. 펀칭할 때는 가급적 힘껏 친다.

●펀칭하는 요령

주먹으로 찌르듯이 펀칭한다. 이때 팔은 마음껏 쭉 뻗는다. 가능한한 높은 지점에서 펀칭하도록 한다.

●주먹을 쥐는 법

한 손일 때는 엄지손가락을 바깥으로 내놓고 주먹을 쥔다. 손가락의 첫째와 둘째 관절 바깥쪽의 평평한 부분으로 볼을 친다.

두 손으로 칠 때는 한 손을 칠 때와 같이 엄지손가락을 밖으로 내보내 주먹을 쥔다. 양손 주먹을 합쳐서 손가락의 평평한 부분으로 쳐낸다.

● 펀칭에 대하여

한 손으로 하는 펀칭

펀칭은 양손으로 하는 것이 이상적이지만 어쩔 수 없이 한 손으로 해야 할 때도 있다.

가령 포어포스트로 날아오는 높은 볼일 때는 한 손으로 펀칭할 수밖에 없다. 이때는 뒤로 물러서면서 반대편 터치 라인으로 내보내도록 한다.

그리고 높고 멀리 쳐내야 한다.

펀칭하는 위치는 볼의 중심에서 약간 아래 쪽이 좋다. 힘차게 치는 것이 무엇보다도 중요하다. 이때 팔을 휘젓지 말도록 주의한다.

양손으로 하는 펀칭

펀칭이 위험 부담이 따르는 테크닉이라는 것은 누차 말해왔다. 그 이유의 하나로 주먹의 모양을 들 수 있다. 주먹은 울퉁불퉁해서 매우 불안정한 모양을 하고 있다.

그런데 두 손의 주먹을 비교해보면 평평한 면이 있다. 여기에 볼이 닿게 하면 어느 정도는 생각했던 방향으로 쳐낼 수 있다. 그러므로 펀칭은 양손으로 하도록 한다.

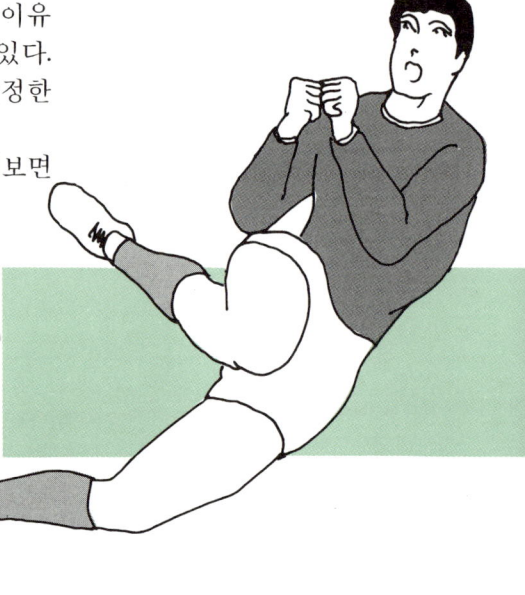

Goalkeeping

드로잉에 대하여

● 골 키퍼의 신속한 드로잉은 공격의 기점이다

드로잉

● 세계의 조류는 드로잉

옛날 축구에서는 키퍼는 볼을 잡으면 언제나 멀리 차냈었다. 그러나 최근에는 생각하는 것도 달라져서 키퍼도 필드 플레이어의 일원으로 생각하게 되었다.

이렇게 되자 옛날처럼 멀리 차내면 되는 것이 아니다. 그만큼 드로잉을 중시하게 되었다.

드로잉은 패스와 같은 의미를 가진다. 키퍼가 드로잉으로 준 볼을 받아 공격해가는 것이다. 바꾸어 말해서 키퍼는 공격이 기점이다. 골 키퍼를 기점으로 하여 공격이 시작된다. 빠른 전환이 필요한 것이다. 그리하여 상대편에게 손쉽게 공을 넘겨주지 않는다. 그러한 생각이 세계의 주류로 되고 있다.

유럽 팀들의 골 키퍼는 킥을 하지 않고 드로잉을 중심으로 플레이한다.

드로잉은 타이밍을 필요로 한다. 잡았던 볼을 바로 드로잉하면 좋으냐 하면 그런 것은 아니다. 자기 편이 어느 지점에 가있는가? 어떤 시스템으로 공격하려 하는가? 그런 조건들을 모두 감안하여 드로잉을 해야 한다.

드로잉의 기본은 언더 핸드, 사이드 핸드, 오버 핸드의 세 가지인데 키퍼에 따라서는 변칙적인 드로잉을 하는 사람도 있다. 그러나 어쨌든 처음에는 기본부터 익혀야 한다. 상하, 옆으로의 드로잉을 우선 마스터해야 한다.

● 위험을 피하라

드로잉은 손으로 던지는 것이므로 목적했던 곳으로 확실하게 볼을 떨어뜨려야 한다. 상대편이 없는 곳에 있는 자기 편에게 던지는 것이 철칙이지만 적당한 자기 편이 눈에 뜨이지 않을 때는 가급적 멀리 떨어뜨린다.

자기 편 선수가 받기 어려운 볼은 금물이다. 확실이 잡을 수 있는 볼을 던지는 것이 중요하다.

Goalkeeping

땅볼 드로잉으로 가까이 있는 자기 편에게 준다

언더핸드의 드로잉은 근거리에 있는 자기 편에게 볼을 정확하게 보낼 때 사용한다.

우선 손가락 사이를 크게 벌려 볼을 양손으로 쥔다. 던지는 쪽의 팔을 뒤로 당기고 반대쪽 발을 꽉 디딘다. 팔을 마음껏 저어서 체중을 앞쪽으로 이동시키면서 볼을 굴린다.

가급적 볼은 바운드되지 않도록 던진다. 그라운드를 또르르 굴러가는 듯한 볼이 이상적이다.

이 드로잉 연습은 자기 혼자 벽을 마주보고도 할 수 있지만 가능하다면 상대가 있는 것이 더 도움이 된다. 두 사람보다는 세 사람이 좋지만 우선 두 사람이 해본다. 상대방이 볼을 차게 하여 받은 자세에서 드로잉으로 옮겨가는 연습을 하면 좋다.

드로잉에 대하여

사이드 핸드 드로우

가까이 있는 자기 편에게 신속하게 볼을 줄 때 사용한다.

언더나 오버와 비교해 좀 어려운 드로잉이다.

팔을 구부리고 어깨 뒤쪽에서 볼을 잡는다. 던지는 팔과 반대쪽 발과 팔은 앞쪽으로 낸다. 그런 다음 볼을 퉁기듯이 신속하게 드로잉한다.

연습은 두 사람 이상의 상대와 하는 것이 바람직하다. 움직이고 있는 상대방에게 재빨리 드로잉해야 하므로 두 사람이 앞으로 움직이게 하면서 연습한다.

오버 핸드 드로우

먼 곳에 있는 자기 편에게 볼을 보낼 때 사용한다. 킥보다도 정확성이 요구될 때 하는 드로잉이다.

오른손으로 볼을 꽉 잡고 왼손은 던지려는 방향으로 뻗어서 밸런스를 취한다.

창을 던질 때와 같은 요령이라고 생각하면 좋다. 빠른 공격을 시도할 때나 상대편의 후방으로 볼을 보내고자 할 때 효과적이다. 연습을 거듭하면 커브를 그리게 던질 수도 있는데 초심자는 우선 직선으로 드로잉하는 일부터 시작한다.

Goalkeeping

99

키킹에 대하여

● 위험지대를 탈출하는 키퍼의 킥은 매우 공격적이다

키 킹

골 키퍼가 하는 킥에는 다음과 같은 것이 있다.

플레이 킥, 롱 펀트, 숏 펀트, 하프 볼레, 드롭 킥 등이다. 이런 킥들을 상황에 따라서 선택하고 정확하게 차야 한다.

플레이 킥은 골 킥 때 사용한다. 드롭 킥은 낮고 멀리 날아가게 한다. 하프 라인 부근까지 라이너의 낮은 볼을 찰 수 있어야 하는 것이 중요하다.

킥은 거리에 따라서 선택하는 것이 아니다. 상황이나 날씨를 참작하여 택하는 것이다.

펀트 킥

높고 멀리 보낼 때 하는 킥이다. 정확한 킥이 아니라서 상대편에게 빼앗길 수도 있다는 것을 유념해야 한다. 그때 골 키퍼는 멀리 적진까지 차는 것이므로 빼앗겨도 무방하다는 생각과 상대편과의 혼전 상태에서 흘러나온 볼을 잡아서 역습에 이어지게 하려는 것도 목적의 하나이다.

●숏 펀트 ---→

●롱 펀트 ⟶

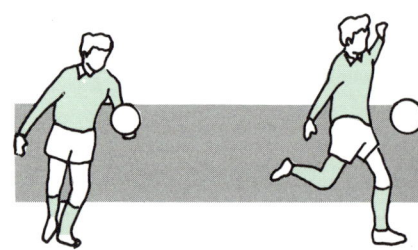

Offensive Play

Dino ZOFF

디노 조프 (이탈리아, 은퇴)

1942년, 이탈리아 출생. 1982년 40세로 은퇴하기 전까지 이탈리아 대표 팀의 골 키퍼였던 조프는 타고난 골 키퍼였다. 1961년 우디네제에서 프로로 데뷔했는데 5골을 먹는 등 형편없는 결과를 가져왔다. 그 후 만토바, 나폴리, 유벤투스로 옮겨다니면서 실력을 쌓은 그는 1968년에 대표팀의 골 키퍼로서 데뷔하였다. 1970년의 멕시코 월드컵 대회 때는 알바르토시의 후보 골 키퍼였으나 그 후에는 이탈리아의 골을 지켜냈다. 독일 월드컵 때 중남미의 하이티전에서 승리할 때까지 1972년 이래 국제 시합 12게임에서 2년 동안 무실점.

레프, 야신 (러시아, 은퇴)

Lev YASHIN

1929년, 러시아 출생. 1960년대 전반에 전성기를 맞이한 러시아 축구계의 중심적 존재였던 야신은 1963년에 골 키퍼로서는 처음으로 유럽 최우수 선수가 되었다.

넓은 시야에서 상황을 판단했으며 페널티 에어리어 전체를 지킨 그는 현대 스타일의 바탕이 된 근대적 골 키퍼의 제일인자로 불려지고 있다. 글로브같이 큰 손으로 덥석 잡는 멋진 세이빙은 상대편 일류 플레이어들의 전의를 상실케 할 정도였다.

온화하고 성실한 인격의 소유자였던 그는 41세 때 현역에서 은퇴했다.

PART 4

팀 플레이의 기본 테크닉

- 오펜스에 대하여
- 디펜스에 대하여
- 리스타트에 대하여

오펜스에 대하여

●공격은 슛으로 끝나므로 보다 많은 득점 찬스를 만들라

오 펜 스

●강력한 스트라이커를 기른다

축구에서는 오펜스와 디펜스의 두 종류밖에는 없다. 자기 편이 볼을 갖고 있을 때가 오펜스이며 볼을 빼앗겼을 때가 디펜스이다.

따라서 오펜스는 득점하기 위한 형태이다. 갖가지 전술을 구사해서 볼을 상대편 골에 집어넣는다. 그러기 위해서 슛을 한다.

슛은 누구나 할 수 있지만 슛을 날리는 것은 주로 포워드이다.

이 포워드에 얼마나 강력한 스트라이커가 있느냐에 따라서 그 팀의 득점 능력이 결정된다고 해도 과언이 아니다.

그래서 오펜스에 대해서 생각할 때 우선 강력한 스트라이커를 기를 필요가 있다. 좋은 스트라이커를 길러냈으면, 다음에는 그 스트라이커를 살릴 수 있는 전술을 생각해야 한다.

Offensive Play

패스의 기본 테크닉

● 패스의 3원칙

공격은 패스의 연속이라고 해도 좋다. 패스를 잘 짜맞춤으로써 슛도 할 수 있고 득점도 하게 된다.

패스 하나하나는 별로 돋보이지 않을지도 모르겠으나 그 패스를 연결시켜야 화려한 슛도 할 수 있는 것이다.

패스할 때의 포인트는 세 가지이다. 그것을 패스의 3원칙이라 한다.

① 전화를 걸지 말라

이것은 축구 용어라고 해도 좋을 만큼 대중적인 격언이다. 전화란 목소리를 말하는 것이다. 패스하기 전에 자기 편 선수에게 말하지 말라는 뜻이다.

② 오픈 스페이스를 이용하라

패스는 자기 편 선수가 있다고 하더라도 잘 되지 않는다. 상대편도 그것을 간파하기 때문이다. 아무도 없는 오픈 스페이스로 자기 편 선수가 달려가고 그곳으로 패스하면 상대편도 볼을 빼앗지 못한다.

③ 패스한 다음에는 달려라

패스한 다음 그 자리에서 그대로 있으면 안 된다. 자기가 받지 않더라도 어쨌든 달려야 한다. 자기가 달림으로써 상대편의 마크를 줄일 수 있다. 패스하고 달리는 것은 축구의 기본이다.

● 오펜스에 대하여

롱 패스

● 숏과 패스 다음에

숏 패스를 2~3회 계속한 다음에는 롱 패스를 하는 것이 오펜스 때는 흔히 사용된다. 이것은 패스의 공식(公式)과 같다. 짧은 패스를 몇 개 연속함으로써 상대편을 끌어들일 수 있기 때문이다.

물론 언제나 2~3회의 숏 패스 다음에 롱 패스를 한다면 상대편이 곧 간파해버린다. 이것은 어디까지나 기본적인 것이며 여기에 팀 컬러를 가미해가야 한다. 가령 드리블을 혼합하거나 옆으로 하는 패스를 짜넣거나 하는 식으로 한다. 숏, 숏, 롱이라는 스타일이 상대편 디펜스를 무너뜨리는 기본형임에는 틀림없다.

● 타이밍 있게 찬다

롱 패스를 할 때 초심자는 발에 힘을 주어 힘껏 차거나 한다. 그러나 볼이 멀리 날아가는 것은 타이밍이 잘 맞았을 때만이다. 임팩트하는 순간에만 힘이 들어가야 한다. 찬 다음의 폴로 스루도 잊어서는 안 된다.

Offensive Play

스위핑 패스

● 고등학교 선수라도 커브를 그린다

커브를 그리는 패스이다. 얼마 전만 해도 고등학교 선수가 커브를 그리는 패스를 하는 경우는 거의 없었으나 지금은 이 스위핑 패스를 할 수 있는 선수도 적지 않다. 스위핑 패스는 상대편에게 빼앗기지 않으려는 패스인데 그런 목적을 이루는 데는 매우 효과적인 수단이다.

볼을 차는 발의 위치와 볼의 위치에 따라서 날아가는 볼은 다르다. 그 종류는 중요한 것만도 네 종류나 있다.

● 인사이드부터 연습

축구 기술이 매우 향상되었다고는 해도 역시 이 패스는 어려우며, 이 패스를 구사할 수 있는 플레이어는 그렇게 많지 않다. 특히 발의 아웃사이드를 사용해서 차는 경우에는 포인트가 빗나가기 쉽다.

처음에는 인사이드부터 연습하는 것이 좋을 것이다. 그러면 비교적 확실하게 커브를 그릴 수 있다. 그러나 아무리 커브를 그렸다 하더라도 목표 지점으로 볼을 차려면 많은 연습이 필요하다. 연습은 거듭함으로써 발에 익숙하게 하는 수밖에는 없을 것이다.

● 4가지 바리에이션

인사이드를 사용해서 찰 때는 볼의 바깥쪽으로 발을 움직인다. 오른발로 차는 경우 오른쪽에서 왼쪽으로 커브를 그린다. 낮은 곳을 치면 높이 떠서 커브를 그린다. 아웃사이드로 찰 때는 볼의 안쪽으로 커브를 그린다.

아웃사이드로 차면 인사이드 때보다도 큰 커브를 그린다.

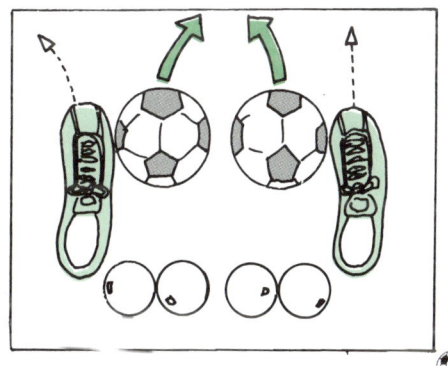

● 오펜스에 대하여

패스의 기본 연습

● 패스의 짜맞춤

축구라는 게임은 패스라는 토대 위에서 이루어진다. 패스를 짜맞춤으로써 공격하고 패스를 연결시켜 슛한다. 패스에는 수백, 수천이라는 패턴이 있다. 그러나 그 기본이 되는 형은 몇 종 뿐이다. 앞으로 설명하는 기본 패턴만 습득하면, 다음에는 실전 때 응용해가면 된다.

① 삼각 패스(벽 패스)
일단 자기 편에게 패스한 다음에는 달려가서 다시 패스를 받는 형이다. 실전에서 흔히 볼 수 있는 패스이므로 충분히 연습할 필요가 있다. 중요한 것은 좋은 패스를 받으려면 패스를 잘 해야 한다. 자기 편이 잡기 쉽도록 패스해주면 반드시 자기에게도 잡기 쉬운 패스가 돌아오는 것이다.

② 평행으로 달리면서 하는 패스
두 사람이 나란히 달려가면서 패스를 주고 받는 형으로 이것도 연습에서 잘 사용된다. 상대방이 달리는 스피드를 잘 보고 그 앞으로 패스해준다. 패스를 받을 때는 인사이드로 트래핑, 그리고 즉각 인사이드 킥으로 돌린다. 처음에는 천천히 해도 좋지만 익숙해짐에 따라 스피드를 올린다.

③ 시소 패스
두 사람이 10미터쯤 떨어져서 상대편 방향으로 비스듬히 달린다. 중간 지점 부분으로 패스하고 패스를 받는 쪽은 드리블해서 반대쪽 사이드로, 거기에서 다시 중간 지점으로 패스한다. 이것을 반복해가는데, 이것은 매우 어려운 연습이다. 이상이 연습에서 잘 사용되는 방법인데, 스피드를 바꾸거나 해서 변화를 붙여가면서 연습하면 좋다.

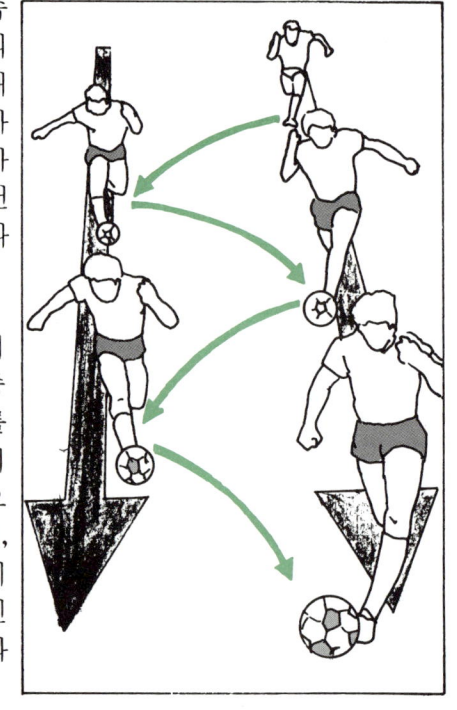

Offensive Play

패스에서의 득점 패턴

● 중요한 센터링

패스를 받아 슛하는 형태는 오펜스 측의 이상이다. 어느 경우에나 공격을 할 때는 그러한 형태를 머릿속에서 그리고 있어야 한다.

패스에서 슛이라는 패턴인데 가장 대중적인 것이 센터링이라는 패스이다.

센터링은 미드필더 선수가 할 일이라고 생각하는 사람이 있다면 그것은 낡은 생각이다.

현대 축구에서는 모든 플레이어가 센터링할 수 있어야 한다고 생각한다.

센터링을 통한 득점은 총 득점의 절반 이상을 차지하고 있다고 한다. 이것만 보더라도 센터링의 테크닉이 얼마나 중요한지 알 수 있는 것이다.

● 오펜스에 대하여

센터링을 통한 득점

● 니어 포스트로의 센터링

센터링은 예로부터 있던 전법인데 이것이 미묘하게 변하고 있다. 전에는 볼을 포 포스트의 밖으로 보내어 그것을 센터 포워드가 슛했었다. 그러던 것이 1960년대 후반, 잉글랜드의 팀이 니어 포스트로 크로스 볼을 띄우는 방법을 고안해냈다. 그 이래로 센터링은 포 포스트라는 정의가 무너지고 여러 장소로 여러 가지 크로스 볼을 띄우게 되었다.

● 밸런스 크로스

센터링에서 가장 효과적이고 어려운 것은 달려가면서 몸을 비틀면서 크로스 볼을 차는 테크닉이다. 이 센터링을 할 때 가장 중요한 것은 밸런스이다. 그러면 밸런스는 어떻게 취하는가?

우선 두 팔을 사용하여 밸런스를 잡는다. 축이 되는 발을 가능한한 찰 볼 가까이 두는 것이 중요하다. 너무 떨어져 있으면 밸런스가 깨져버린다. 이처럼 밸런스를 중시하기 때문에 이 센터링을 밸런스 크로스라고 한다.

● 그룹으로 실전 연습

이 연습은 5, 6명이 같이 하면 좋다. 혼자서 킥하는 연습은 그 정도로 해두고 누군가 볼곁에 서 있게 하고 목표를 정하여 센터링을 해보는 것이다. 물론 다른 플레이어도 동시에 디펜스나 슛 연습을 한다.

Offensive Play

벽 패스를 통한 득점

● 자기 편의 발 근처로 패스

 벽 패스에 대해서는 이미 설명한 바 있다. 골 앞에서 이 벽 패스를 사용하면 슛의 확률도 그만큼 높아진다.
 여기에서는 골 앞에서 벽 패스를 사용할 때의 주의할 점을 말해둔다.
 골 앞에서는 상대편 디펜더로 모여 있을 것이므로 스피드 있는 패스를 하지 않으면 인터셉트 당하고 만다. 신속하고 정확하게 패스하는 것이 무엇보다도 중요하다.
 벽 패스처럼 짧은 거리를 재빠르게 패스할 때 사용되는 것은 프론트 풋 패스이다. 프론트 풋이란 차는 쪽의 발가락 끝을 양쪽으로 구부려서 가볍게 퉁기듯이 찬다.
 인사이드 킥 등과는 달리 차는 방향을 상대방이 간파하지 못한다는 이점이 있다. 패스할 때는 자기 편의 움직임을 정확하게 예측해야 한다. 조금치라도 빗나간다면 밸런스가 깨져서 좋은 슛을 할 수 없다. 확실하게 자기 편 발 근처에 볼을 보내지 않으면 안 된다. 만약 패스가 나빠 벽 패스를 할 수 없으면 무리하게 패스하거나 하지 말고 자기가 골을 향해서 차도록 한다. 굳이 벽 패스를 해야겠다고 작정하지 말고 폭넓은 플레이를 해야 한다.
 패스한 다음 상대편 등 뒤로 달리는데 이때는 빨리 달려 각도를 만든다. 너무 조금 이동하면 상대방이 방해가 되어 패스하지 못하게 된다. 상대방으로부터 패스할 코스를 차단당하지 않을 위치에 재빨리 달려가야 한다.

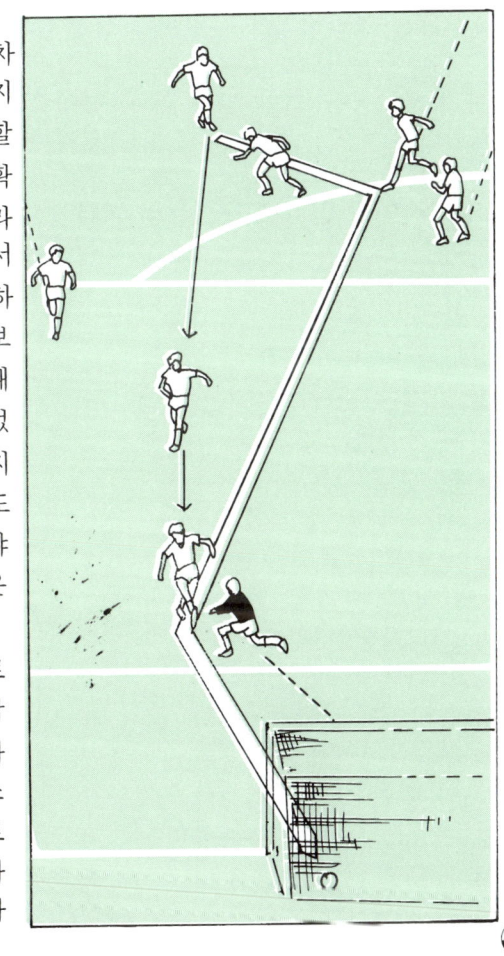

오펜스에 대하여

스트라이커의 조건

• 스트라이커는 전문직

축구에서는 득점하지 못하면 이길 수 없다. 바꾸어 말하면 슛하지 않으면 이길 수 없다. 슛은 누구나가 해야 하며 실제로 박스의 플레이어가 골을 넣는 일도 적지 않다.

그러나 그것은 어디까지나 예외이고 슛은 역시 스트라이커가 할 일이다. 말하자면 스트라이커의 전문직이다.

스트라이커가 되려면 어떤 타고난 재능이 있어야 할지도 모르겠다. 슛이라는 클라이막스의 장면에서 냉정하고 대담하게 용기를 가지고 슛한다는 것은 매우 어려운 일이다. 그러한 여러 가지 조건을 갖추고 있는 플레이어는 그리 많지 않다. 그러므로 당연히 어느 팀이나 일류 스트라이커가 있는 것은 아니다. 스트라이커는 육성하지 않으면 안 된다.

• 주저하지 말고 적극적으로 한다

스트라이커는 언제라도 슛할 수 있도록 대비하고 있어야 한다. 그리고 자신을 가져야 한다. 스트라이커는 적극적으로 슛을 날려야 한다. 머뭇거려서는 안 된다. 볼을 갖고 있다가 골이 눈에 띄었으면 바로 슛을 날린다. 가령 골까지의 거리가 멀더라도 기회라고 판단했으면 슛해야 한다. 이러한 적극성이야말로 스트라이커의 필요조건이다. 물론 슛하는 테크닉도 필요하지만 우선 적극적이지 못하면 스트라이커가 될 수 없다.

Offensive Play

킥 스포트

골프에서의 스위트 스포트나 마찬가지로 축구 공에도 킥 스포트가 있다. A는 킥의 기본 스포트로, 스트레이트한 낮은 볼이다. 특히 인스텝 킥은 강한 타구가 된다. B일 때는 인프론트로 차는 롱 패스 등에 사용된다. C를 차면 오른쪽으로 휘고 D 부분을 차면 왼쪽으로 휜다. 또 D의 경우 인펙트로 강하게 차면 바나나 슛이 된다. 발의 킥 스포트에는 a) 인스텝 b) 아웃 프론트 c) 인 프론트 d) 토 e) 아웃사이드 f) 인사이드 g) 힐 등이 있다. 패스도 슛과 같은 스포트로 차야 한다.

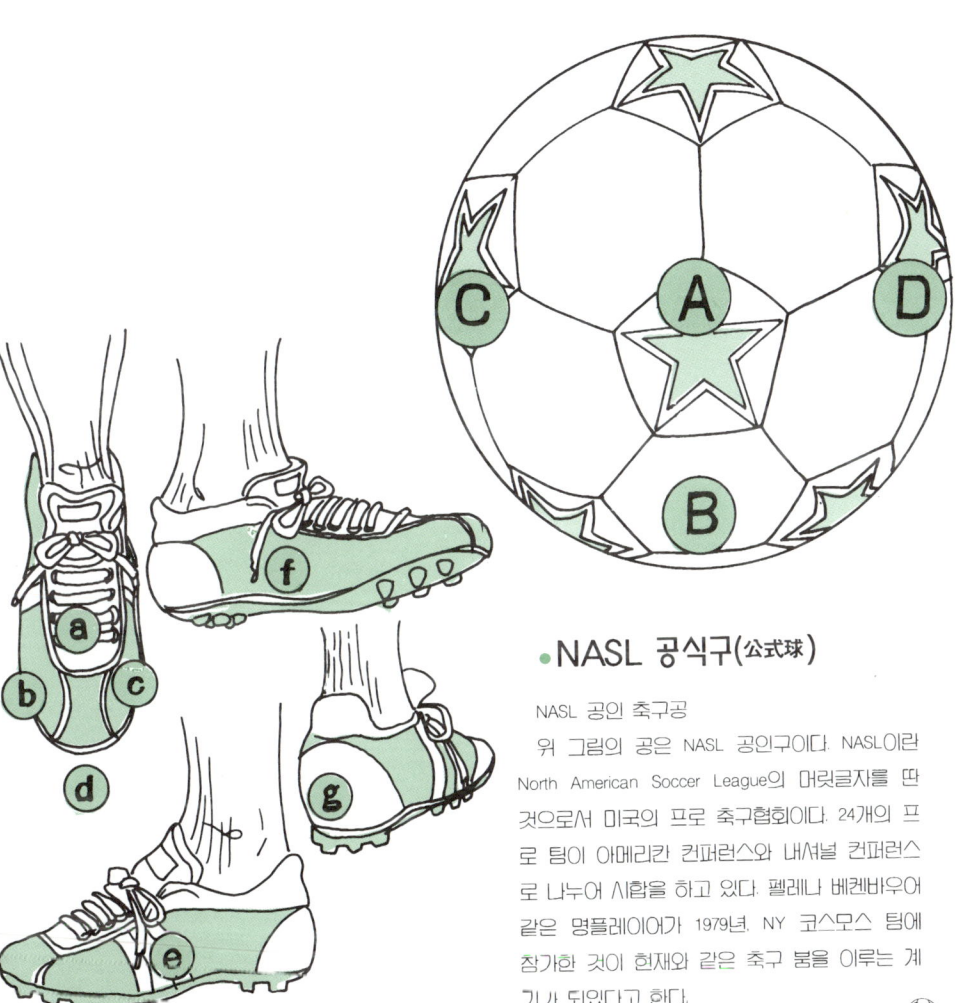

●NASL 공식구(公式球)

NASL 공인 축구공

위 그림의 공은 NASL 공인구이다. NASL이란 North American Soccer League의 머릿글자를 딴 것으로서 미국의 프로 축구협회이다. 24개의 프로 팀이 아메리칸 컨퍼런스와 내셔널 컨퍼런스로 나누어 시합을 하고 있다. 펠레나 베켄바우어 같은 명플레이어가 1979년. NY 코스모스 팀에 참가한 것이 현재와 같은 축구 붐을 이루는 계기가 되었다고 한다.

● 오펜스에 대하여

슛의 바리에이션

● 어려운 예각 슛

슛의 종류에는 다음과 같은 것이 있다. 롱 슛, 예각 슛, 스위핑 슛, 발리 슛, 오버헤드 슛, 헤딩 슛 등이다.

발리 슛에는 하이 발리, 하프 발리 로우 발리의 세 가지가 있다.

가장 어려운 슛은 예각 슛으로, 이것은 골 라인 근처에서 예각적으로 차넣는 슛이다. 센터링 비슷한 동작을 해야 하며 스피드도 요구된다.

비스듬히 슛해야 하므로 당연히 골문이 좁아 보인다. 그런 만큼 목표물도 작아지고 골의 확률도 낮다.

스위핑 슛은 볼을 높이 띄워서 키퍼의 배후에서 골에 넣는 것으로 의표를 찌르는 슛이다.

Offensive Play

슛에 대하여

● 발리(Volley) 슛이란?

발리 슛은 매우 어려운 테크닉이며 성공률도 낮지만 이것만큼 효과적인 슛은 없다.

발리를 하면 볼은 스피드를 증가시키므로 키퍼도 타이밍을 맞추지 못한다. 발리 슛을 할 때는 타이밍을 맞추기 어려우며 키퍼 역시 타이밍을 잘 맞추기 힘들다.

하이 발리가 가장 높은 위치에서 차는 만큼 더 어렵다. 다음이 하프, 로우의 순이다.

● 스위핑 슛이란?

약 20미터나 떨어져서 커브를 그리는 스위핑 슛도 수준 높은 기술이다. 스위핑 패스와는 달리 어느 정도의 스피드와 파워가 필요하므로 볼을 콘트롤하기란 더욱 어렵다. 그러나 이 슛은 고등학교 선수의 레벨에서도 사용되고 있으므로 연습해둘 필요가 있다.

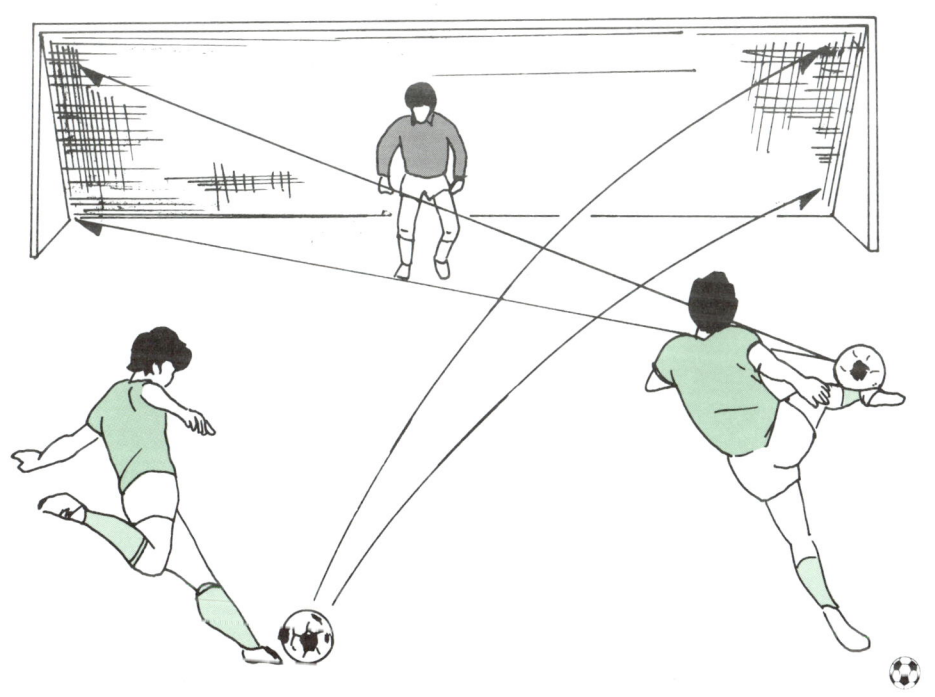

디펜스에 대하여

● 목적을 망각한 분업은 패하는 요인이다

디펜스

● 전원 수비가 기본

상대편에게 볼을 빼앗겼으면 그 순간부터 전원 수비로 전환해야 한다. 포워드의 플레이어라도 디펜스에 가담해야 한다. 따라서 선수 전원이 디펜스 능력을 갖고 있어야 한다. 맨 투 맨 디펜스의 경우에는 볼을 갖고 있든 않든간에 상대편이 자유로운 행동을 하지 못하게 한다.

● 공격은 디펜스에서

디펜스는 별로 각광받지 못하는 일이다. 마크하는 것도 볼을 빼앗는 것도 그 자체는 별로 눈에 잘 띠지 않는 행위이다.

그래서 축구를 갓 시작한 사람들은 잘 맡으려 하지 않는다.

그러나 디펜스만큼 중요한 일은 없다. 모든 공격은 디펜스부터 시작되는 것이다. 이런 디펜스를 소홀히 하면 득점은 기대하기 어렵다.

Defensive Play

스위퍼의 역할

현대 축구에서는 스위퍼의 역할을 경시해서는 안 된다. 스위퍼란 말을 직역하면 청소부이다. 즉 자기 편의 디펜스 땅에 떨어진 먼지를 청소하는 사람이란 뜻이다.

스위퍼라는 포지션이 생겨난 것은 지금부터 20년쯤 전의 일이다. 이것은 맨 투 맨 디펜스의 미비점을 보완하기 위하여 연구해 낸 것이다.

디펜더가 맨 투 맨으로 상대편 포워드를 마크하고 있으면, 한 사람만 빠지면 자칫 골을 허용하게 된다. 그래서 보다 튼튼한 수비를 하기 위하여 스위퍼가 있는 것이다.

● 디펜스에 대하여

존 디펜스

　수비하는 구역(존)을 정해놓고 그 구역으로 들어오기 전까지는 내버려둔다. 그러나 상대편이 그 구역으로 들어오면 이를 디펜스하는 방법이다.

맨 투 맨 디펜스

　상대편은 한 사람씩 마크하는 디펜스이다. 현대 축구는 이 디펜스가 중심을 이루고 있다. 지역 방어보다 체크는 엄중하지만 틈을 주기 쉽다.

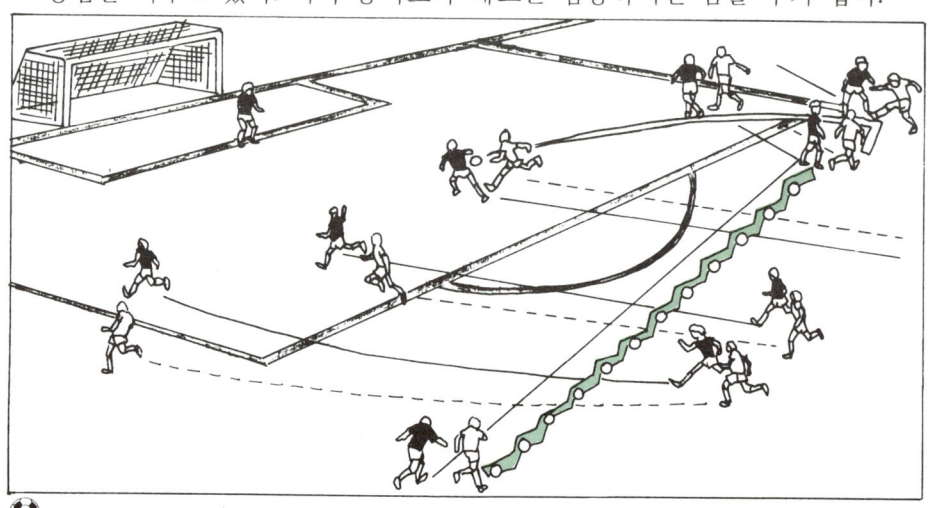

Defensive Play

마크의 4원칙

① 상대편과 골 사이로 들어간다.
마크하고 있는 상대편과 골을 선으로 연결하여 그 선상에 항상 위치하고 있지 않으면 안 된다.
이때 상대편과의 거리는 1.5~2m 전후를 유지한다. 이 거리는 기회가 되면 볼을 빼앗으러 갈 거리이다.
상대편이 볼을 갖고 있지 않을 경우라도 기본적으로는 변함이 없다.

② 상대편과 볼이 다 보이는 위치에 선다
어떤 경우라도 볼에서 눈을 떼어서는 안 된다. 마크하는 상대가 볼을 갖고 있지 않을 때는 볼을 갖고 있는 사람과 마크할 상대편을 함께 시야에 넣어둘 필요가 있다.

③ 상대방에게 배후를 찔려서는 안 된다
상대방의 움직임에 너무 신경을 쓴 나머지 상대방에게 허를 찔리는 수가 있다. 그렇게 되지 않기 위해서는 배후도 신경을 써야 한다.

④ 항상 볼을 커트할 수 있는 위치에 선다
상대편이 패스를 받으려 할 때 그 볼을 커트하여 빼앗을 수 있는 포지션이 중요하다.
언제나 볼을 빼앗을 수 있는 위치에 있어야 한다.

● 디펜스에 대하여

태클 & 숄더 차지

● 태클이란?

　디펜스의 최종 목적은 볼을 빼앗는 것이므로 당연히 적극적으로 태클하지 않으면 안 된다.
　태클이 정해졌으면 당연히 적극적으로 태클해야 한다. 태클은 상대편의 공격을 일시에 정지시킬 뿐 아니라 즉각 공격으로 전환할 수 있다.
　그러나 아무데서나 태클해도 좋은 것은 아니다. 포워드가 공격해와서, 가까이에 자기 편이 없을 때 태클해서는 안 된다. 만약 이것이 실패하면 치명상을 입기 쉽다.
　태클은 자기 편이 따라오거나 이러지도 저러지도 못할 때만 한다.

Defensive Play

스탠딩 태클

선 채로 발을 내밀어 볼에 댄다. 가령 실패했다 하더라도 곧 자세를 바로잡을 수 있으므로 디펜더가 공격을 받았을 때 잘 사용한다. 절박한 상황에서 사용하는 태클이다.

슬라이딩 태클

태클에서는 어프로치가 중요하다. 항상 상대편 옆에서 태클해 들어간다. 왜냐하면 그 위치가 가장 좋으며 볼을 볼 수 있어서이다.

숄더 차지

볼을 갖고 있는 상대편의 어깨에 자기의 어깨를 부딪쳐서 볼을 빼앗는 것이다. 상대편의 옆으로 다가가서 타이밍을 맞추어 바깥쪽 발고 누른다. 허리를 낮추고 어깨로 상대편 어깨를 누른다. 밸런스를 잡지 못한 상대편과 볼 사이로 들어가서 볼을 빼앗는다.

리스타트에 대하여

● 수비에서 공격으로 전환하는 세트 플레이에 찬스가 있다

리스타트

● 밥상을 차려놓은 상황

축구에는 공격과 수비밖에 없다고 말한바 있지만 예외도 있다. 볼이 필드 밖으로 나갔을 때나 반칙이 있을 때이다.

그러한 경우에는 밖에서 공을 던져넣거나 세트하여 킥하거나 하여 게임을 재개한다.

이러한 플레이를 리스타트, 세트 피스, 또는 데드 볼 스타트라고 한다. 리스타트나 데드 볼은 문자 그대로의 뜻이지만 세트 피스는 생소할지도 모른다. 사전을 찾아보니 '밥상을 차려놓은 상황'이라고 나와 있다. 드로잉이나 프리 킥은 그야말로 '밥상을 차려놓은 상황'인 것이다.

리스타트란 게임을 재개하는 것이고 세트 피스와는 약간 뉘앙스가 다를지도 모른다. 여기서는 가려서 쓰지만 거의 비슷한 의미로 사용하고 있다는 것을 알아두기 바란다.

● 민첩하게 공격한다

세트 피스에서의 공격은 매우 중요하므로 오펜스측은 민첩하게, 디펜스측은 오펜스측의 스피드에 대응해야 한다. 리스타트 때는 오펜스측이 하게 되므로 미리 작전을 세워놓고 있으면 적어도 리스타트의 플레이는 생각한 대로 할 수 있게 된다. 필드의 어느 지점에서 어떠한 세트 피스에는 어떻게 한다고 미리 상의해두는 것이 좋다. 가능한한 신속하게 플레이하면 디펜스측은 따라오지 못할 것이다.

그러므로 세트 피스의 플레이는 가능한한 빨리 해야 한다.

● 높은 성공률

세트 피스에서 하는 공격의 성공률은 예상 이상으로 높다. 드로잉은 다르겠지만 코너 킥, 프리 킥에서 시작하는 공격으로 득점하는 경우는 많이 있다.

코너 킥이나 프리 킥은 한 경기에 적어도 몇 번은 있다. 평균 10회라는 수치도 나와 있다.

이것은 곧 매우 득점 확률이 높은 기회로 10회나 준다는 뜻이기도 한다. 그러므로 이 찬스를 잘 활용해야 한다.
　세트 피스의 플레이를 잘 연구하고 연습하는 것도 좋을 것이다.

● 드로잉은 패스이다

　드로잉은 리스타트 중에서도 코너 킥이나 프리 킥만큼 주목받지는 않는다. 또 플레이어들도 열심히 하려 하지 않는 것 같다.
　드로잉을 할 때는 일단 게임이 정지하게 되므로 플레이어는 긴장감이 풀리게 된다. 그것이 코너 킥이나 골문 앞에서의 프리 킥이라면 긴장되겠지만 중간 지점에서의 드로잉에서는 그렇지 않다. 그러나 드로잉은 세트 피스의 7할 정도라고 한다. 드로잉하는 방법 여하에 따라서 어느 정도 게임을 좌우할 정도의 비중을 차지하게 된다.
　드로잉은 패스이다. 우선 그렇게 인식해야 한다.
　드로잉을 패스의 일종이라고 생각하면 볼을 머리 위에서 떨어뜨리거나 하는 무성의한 드로잉은 하지 않을 것이다. 이것도 패스이므로 살아 있는 볼을 던지지 않으면 안 된다.
　드로잉도 패스라고 생각할 때, 비로소 드로잉하는 선수나 이것을 받는 선수도 마음가짐이 달라질 것이며 플레이에도 긴장감을 줄 것이다.

드로잉에 대하여

● 바르게, 빠르게, 정확하게가 3대 포인트

드로잉

● 목표를 정해서 던진다

드로잉에서 중요한 것은 드로잉을 받는 플레이어의 어디에 던지느냐 이다. 정확하게 타겟을 정하여 던지는 것이 필요하다.

던지는 장소는 가슴이나 발 근처일 것이다. 가슴에 던질 때는 그것을 받는 자기 편 플레이어가 일단 잡아 게임을 새로 잘 때이다. 그런데 실제 게임에서는 거의 발 근처에 던진다. 그래서 패스를 연결해간다.

던질 때는 손가락에 충분히 힘을 넣는 것이 중요하다. 상반신은 뒤로 젖혀 머리 위에서 힘껏 던진다. 드로잉 연습은 대개 하기 싫어하는데 일단은 누구나가 할 수 있어야 한다. 근육에 힘을 주어 연습하면 누구라도 어느 정도의 거리까지는 던질 수 있다. 그러나 게임의 국면에 따라서는 상당히 먼 거리까지 던져야 할 때가 있다. 그럴 때는 드로잉을 잘하는 선수에게 맡긴다.

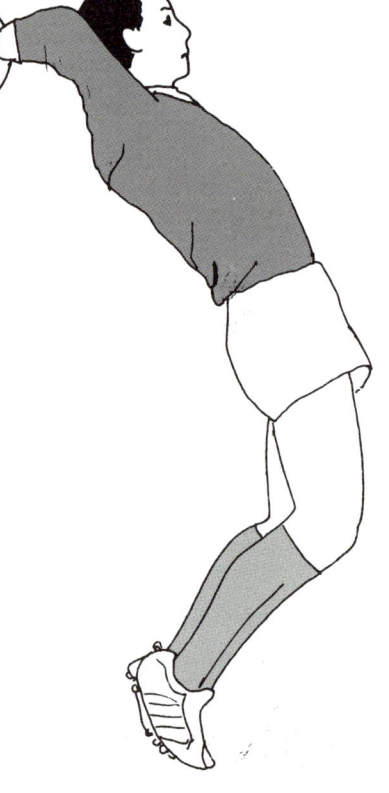

● 드로잉하는 볼을 잡는 법

바르고, 빠르고, 정확하게 볼을 던지기 위해서는 손가락을 펴서 볼의 뒤쪽을 누르면서 던진다.

롱 드로우

● 롱 드로우의 전문가

롱 드로우는 전문적이라고 해도 좋다. 팔과 어깨의 힘이 남달리 세고 한 번의 드로잉으로 터치 라인에서 골 에어리어까지 보내기도 한다. 그러한 플레이어가 팀 중에 있으면 공격 패턴도 달라진다. 가령 골 앞에서 드로잉하여 쥬니어 포스트로 간다. 그때 자기 편 플레이어가 헤딩으로 슛을 시도할 수도 있다. 이렇게 되면 드로잉은 코너 킥이나 다를 바 없다. 롱 드로우를 할 수 있는 선수가 팀 중에 한 사람쯤은 있는 것도 좋다.

코너 킥에 대하여

● 가이 전술 플랜은 충분한 리허설만이 효과를 거둘 수 있다

코너 킥

● **어려운 것은 골에서 멀어지는 볼**

코너 킥은 득점 찬스와 연결되는 플레이이므로 충분히 연습해 두어야 한다. 코너 킥의 전술은 매우 다양하며 키커의 능력이나 헤딩할 수 있는 플레이어의 유무에 따라서 달라진다.

볼은 코너에서 골을 향하는 것과 골 라인을 따라 날아가다가 조금씩 골에서 벗어나는 것이 있다. 그것은 커브를 거는 방법에 따라서 그렇게 되는데 가장 유리한 것은 골에서 멀어지는 볼이다. 그러면 키퍼는 당황해서 대응하지 못하게 된다. 이러한 크로스 볼을 띄울 수 있는 플레이어가 있으면 코너 킥은 큰 의미를 갖게 된다.

Re-Start

코너 킥의 공격 포지션
●포지션의 기본형

코너 킥을 할 때 포지션을 잡는 것은 까다로운 문제이다.

그러나 기본형은 있다. 어떤 형을 취하든 페널티 에어리어 밖에 한 사람, 골 에어리의 바로 밖에 한 사람, 골문 앞에 한 사람, 골 에어리어 끝에 한 사람은 자기 편이 대기해 있는 것이 좋다.

●코너 킥의 포인트

코너 킥의 기본은 니어 포스트이다. 니어 포스트라면 헤딩도 가능하고 찬스가 많다. 파 포스트는 니어 포스트를 계속 해본 다음 해보면 효과적이다. 디펜더는 모두 니어 포스트에 신경을 쓰고 있을 테니까 말이다.

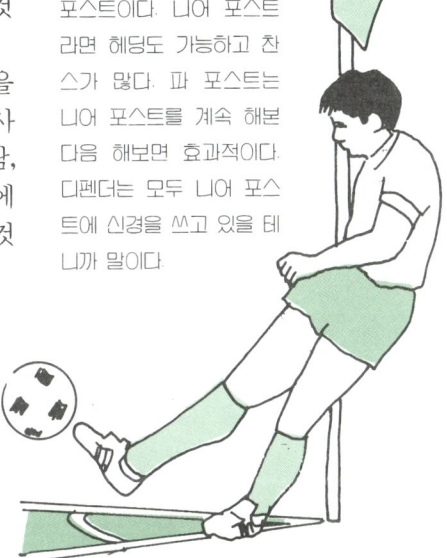

1️⃣ 니어 포스트 코너 킥
2️⃣ 파 포스트 코너 킥
3️⃣ 숏 코너 킥

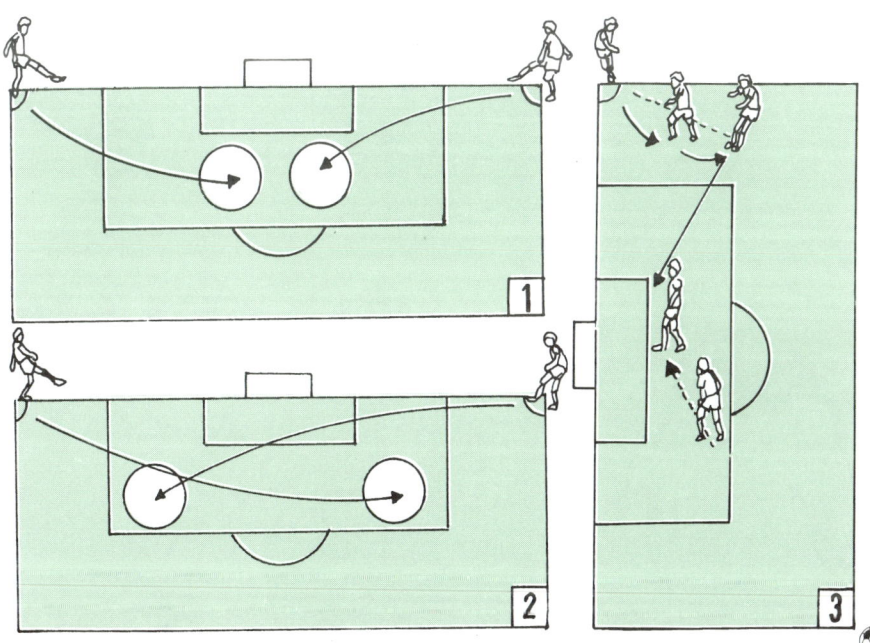

프리 킥에 대하여

● 톱 플레이어는 디펜스의 벽을 돌파하여 직접 골을 노린다

프리킥

중반에서 하는 프리 킥은 빨리 하는 것이 철칙이다.

골문 앞에서는 상대편도 벽을 쌓는다. 커브를 그리는 슛으로 골인이 되면 가장 이상적이겠지만 좀처럼 그렇게 되기란 어렵다.

그래서 골 앞에 헤딩을 잘하는 플레이어를 배치해놓고 헤딩 슛을 노리게 한다. 팀의 특색에 맞춘 방법을 택하는 것이 좋을 것이다.

프리 킥의 포인트

상대편이 벽을 쌓았을 때의 프리 킥이 문제이다. 이때 도움이 되는 것은 커브를 그릴 수 있게 차는 키커이다. 그러한 선수가 있으면 그에게 직접 골을 노리게 하는 것이 가장 바람직하다.

그렇지 않으면 벽의 배후로 자기 편을 뛰어들어가게 하여 패스하는 작전을 쓴다. 이때의 패스는 뜬 볼이므로 인터셉트도 하기 쉽다.

Re-Start

프리 킥 연습

● 킥 연습은 매일 한다

프리 킥 연습에는 두 가지가 있다. 킥 연습과 포메이션 연습이다. 그리고 킥 연습은 매일 하도록 한다. 게임을 할 때는 킥을 잘하는 사람이 하게 되지만 다른 선수들도 연습해두어야 한다.

포메이션 연습은 더욱 중요하다. 실제로 디펜더 역과 함께 실전 형식으로 하는 것이 좋다.

이때 중요한 것은 상대편 키퍼가 잘 보지 못하게 할 것이다. 벽을 쌓았을 때 자기 편 선수들도 곁에 있으면 잘 보지 못하게 된다.

디펜스하기 위해 벽을 쌓았을 때는 모두 발을 볼과 골 포스트 선상에 놓고 오른쪽 발은 그대로 두고 왼발을 옆으로 가져간다.

페널티 킥과 PK시합

● 키커와 골 키퍼의 1대 1 승부

페널티 킥

 페널티 킥은 상대편 수비진이 반칙을 범했을 때 골의 정면에서 슛할 수 있는 킥이다.
 차는 위치는 골에서 11m 지점에 표시되어 있는 페널티 킥 마크이다.
 키커 이외에는 9.15m 이상 떨어져 있어야 하며 골 키퍼는 키커가 찰 때까지 움직여서는 안 된다. 즉 완전히 자유로운 상태에서 킥할 수 있는 매우 확실한 킥 찬스이다.

Training & Lesson

PK 시합

●마음껏 차고 수비한다

　동점으로 시합이 끝나고 아무래도 우열을 가려야 할 때는 페널티 킥 시합을 하게 된다.
　하는 방법은 양 팀이 5명씩 키커를 선발하여 교대로 페널티 마크 위에 놓인 볼을 골에 차넣는다.
　PK 시합을 할 때 가장 중요한 것은 자기 마음껏 할 수 있다는 것이다. 골 키퍼도 그렇지만 키커도 망설여서는 안 된다. 일단 마음을 정했으면 마음놓고 슛하는 것이다.
　페널티 에어리어 라인 근처에 서서 마음껏 찬다. PK 시합은 단 한 번의 실수가 팀의 승패를 좌우할 때가 많으며 그런만큼 신경도 많이 쓰인다. 그러나 그렇다고 해서 겁을 내서는 안 된다. 아무튼 마음놓고 차는 것이다.
　골 키퍼는 키커의 축이 되는 발의 방향을 보고 수비에 대비한다. 친 다음에 행동은 취하면 늦는다. 축이 되는 발의 방향을 보고 어느 쪽이든 마음을 정하고 대처해야 한다.

요한 크라이프 (네덜란드 → 스페인 → 미국 → 네덜란드, 은퇴)

Johan CRUYFF

1947년, 네덜란드 태생. 아홉 살 때부터 축구를 시작한 크라이프는 16세 때 네덜란드 청소년 최우수 선수로 선발되었고 17세 때 아야쿠스의 멤버로 되었다.

1974년의 서독을 월드텁 대회 때 그가 이끄는 네덜란드 팀은 '오렌지 선풍'을 몰고 계속하여 결승에 진출했다. 키퍼를 제외한 전원 공격·집중 수비는 지금까지의 개념을 바꿔놓은 미래 축구라 일컬어졌다. 그의 뛰어난 스피드 감각은 '하늘을 날으는 네덜란드인' 바로 그것이어서 펠레가 '세계의 풋볼러'라고 감탄했다.

Paolo ROSSI

파올로 로시 (이탈리아)

1956년, 이탈리아 출생. 밤비노 델 오로(황금의 아이)라 불린 로시는 1978년의 아르헨티나 월드컵 이래 팔백장사건(八百長事件)에 휘말린 혼미한 한때를 보냈다. 그 후 1982년의 스페인 월드컵 대회에서는 여섯 개의 골을 넣는 대활약으로 이 대회에서 우승을 차지하게 되었다. 대회 득점왕과 최우수 선수를 독차지함과 주먹을 번쩍 드는 포즈로 골든 히어로가 되었다. 초일류 포워드로 활약하고 있는 가운데 이탈리아에서는 외인 선풍이 거칠게 불어닥쳐 스타 군단인 유벤투스에서는 플라티니나 보니에크에 이어 제3위에 그치고 있다.

PART 5

트레이닝과 연습

- 트레이닝과 연습
- 파워 업 트레이닝
- 스트레칭
- 브라질 체조
- 연습 커리큘럼

트레이닝과 연습에 대하여

● 퍼스낼리티한 선수가 되기 위해서도 테크닉 연습이 필요하다

트레이닝과 연습 커리큘럼

●연습을 하는 즐거움

축구는 힘이 드는 스포츠이다. 피로하고 체력에 한계가 있는데도 베스트 플레이가 요구된다.

그럴 때 무엇이 플레이하느냐를 결정하느냐 하면 그것은 바로 연습량이다. 그런데 연습을 즐기는 자세도 필요하다. 연습이란 엄격한 것이며 또 열심히 연습해야 하는데 그런 가운데에서도 '즐기는 마음'을 갖고 있어야 한다. 그래야만 연습이 충실해진다.

●중요한 워밍업

연습 전의 워밍업은 빼놓을 수 없다. 워밍업에는 여러 가지가 있는데 여기서는 스트레칭과 브라질 체조를 들어두겠다.

스트레칭은 신체의 근육을 신장시키고 풀어주는 운동이다. 브라질 체조는 옛날 브라질 팀 선수들이 시합 전에 했다고 해서 이름 붙여진 준비 운동이다. 리드미컬하게 손발을 움직여서 몸을 푸는 것이 목적이다.

●시기에 따라 변화를 준 연습

워밍업이 끝났으면 본격적인 연습으로 들어간다. 연습 내용은 시기에 따라서 달라진다. 시즌 오프에는 연습을 하면서 피로를 풀 수 있는 연습 메뉴가 필요하며 목표로 하는 시합이 가까워지면 기초 기술에서 전술까지 연습 시합을 한 후 실전적인 컴비 플레이 등을 연습한다.

언제나 연습은 '강력하고, 엄격하고 너무 길지 않게' 한다. 시간을 질질 끌면서 하는 해이한 연습을 아무런 의미가 없다. 특히 연습 시합 기간에 들어가면 간결하게 해야 한다.

내일 반전의 태세로 임할 수 있도록 하는 연습이 가장 이상적이다.

●무엇을 위한 연습인가?

근육의 힘, 순발력, 지구력 같은 것이 붙게 하는 것도 중요하지만 우선 연습 내용을 이해하는 것이 중요하다. 무엇을 하기 위해 연습하는가? 그러한 주제를 멤버들과 상의해서 충분히 이해해둘 필요가 있다. 이해하고 하는 연습과 그렇지 않은 연습에도 천양지차가 생기는 것이다.

Training & Lesson

파워업 트레이닝

기구를 사용하지 않는 파워업이라고는 해도 상당히 힘든 트레이닝이므로 연령이나 개인차를 고려해서 한다. 보통은 3세트가 기본인데 기초 체력 양성 기간에는 4세트 정도는 해야 한다. 그 전후에는 준비·정리 체조로서 스트레칭하는 것을 잊지 말도록 한다.

파워업 트레이닝에 대하여

명플레이어가 되기 위해서는 기초 체력을 기르자

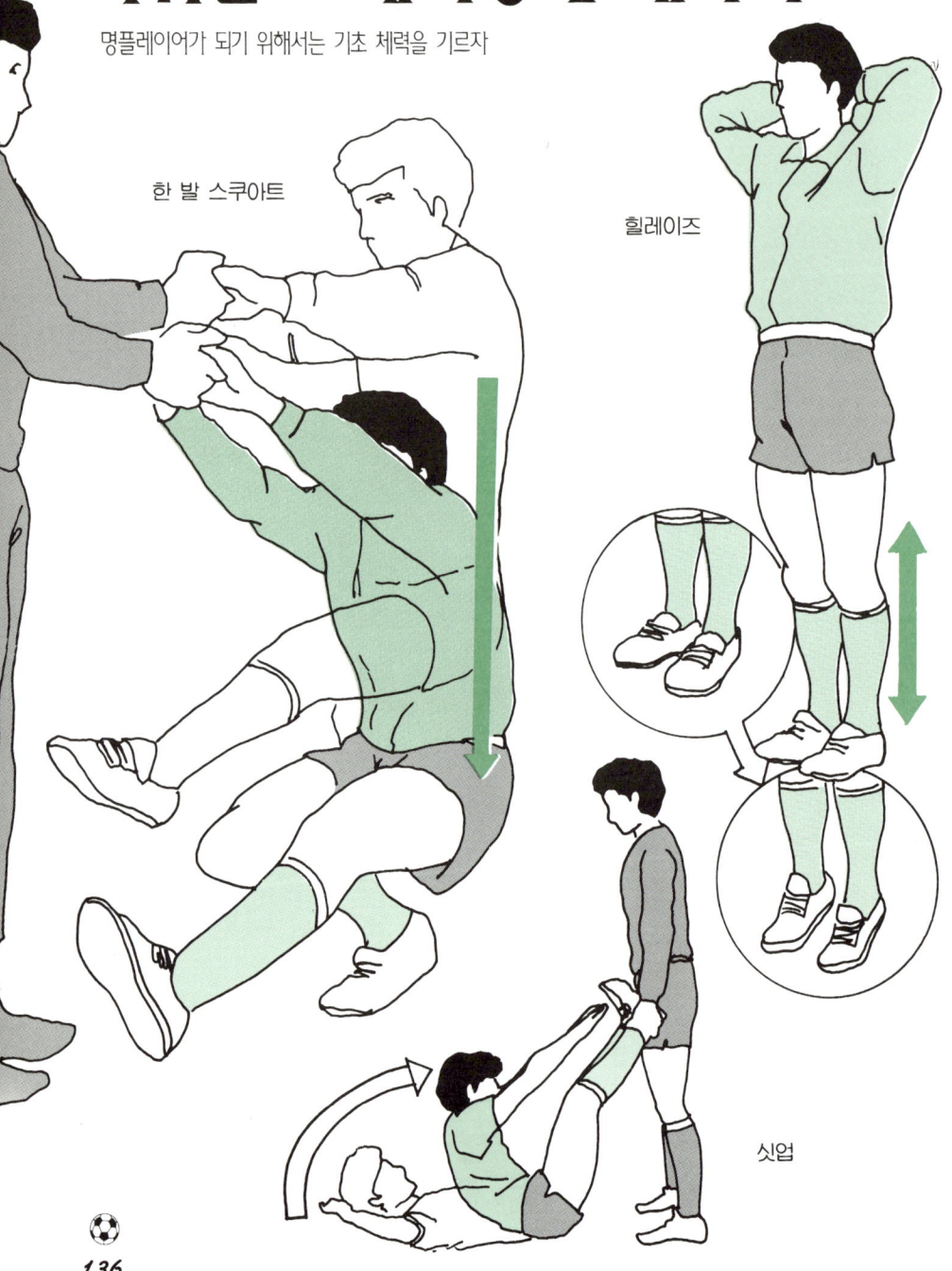

Training & Lesson

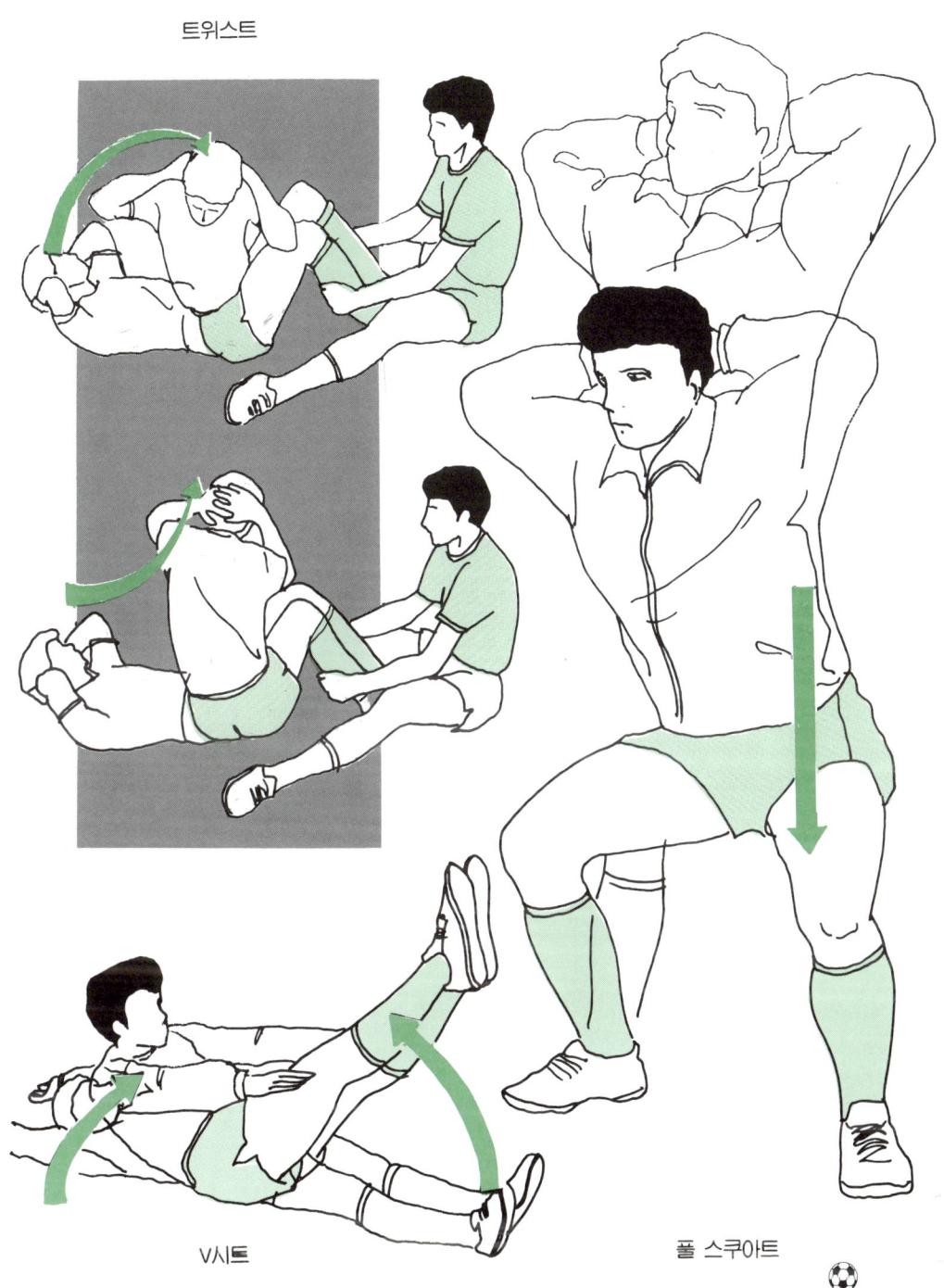

트위스트

V시트

풀 스쿠아트

137

스트레칭에 대하여

● 준비 운동으로는 근육을 신장시키는 스트레치를 차분하게 천천히 하자

스트레칭

스트레치에는 '잡아 늘이다'라는 뜻이 있다. 근육이나 힘줄을 푸는 목적으로 천천히 당겨주는 각종 스트레칭을 한다.

종아리를 풀어주는 스트레칭

종아리의 뒤쪽을 풀어주는 스트레칭

고관절을 풀어주는 스트레칭

Training & Lesson

이 스트레칭은 트레이닝이라 하기보다는 준비나 정리를 위한 체조란 뜻이 있다. 파워 트레이닝을 비롯한 스테미너의 트레이닝 전후에 하면 좋다. 또 원래 축구는 격렬한 스포츠여서 시합 전에도 근육이나 힘줄을 풀어주는 스트레치로 부상을 방지하는 습관을 몸에 붙이자.

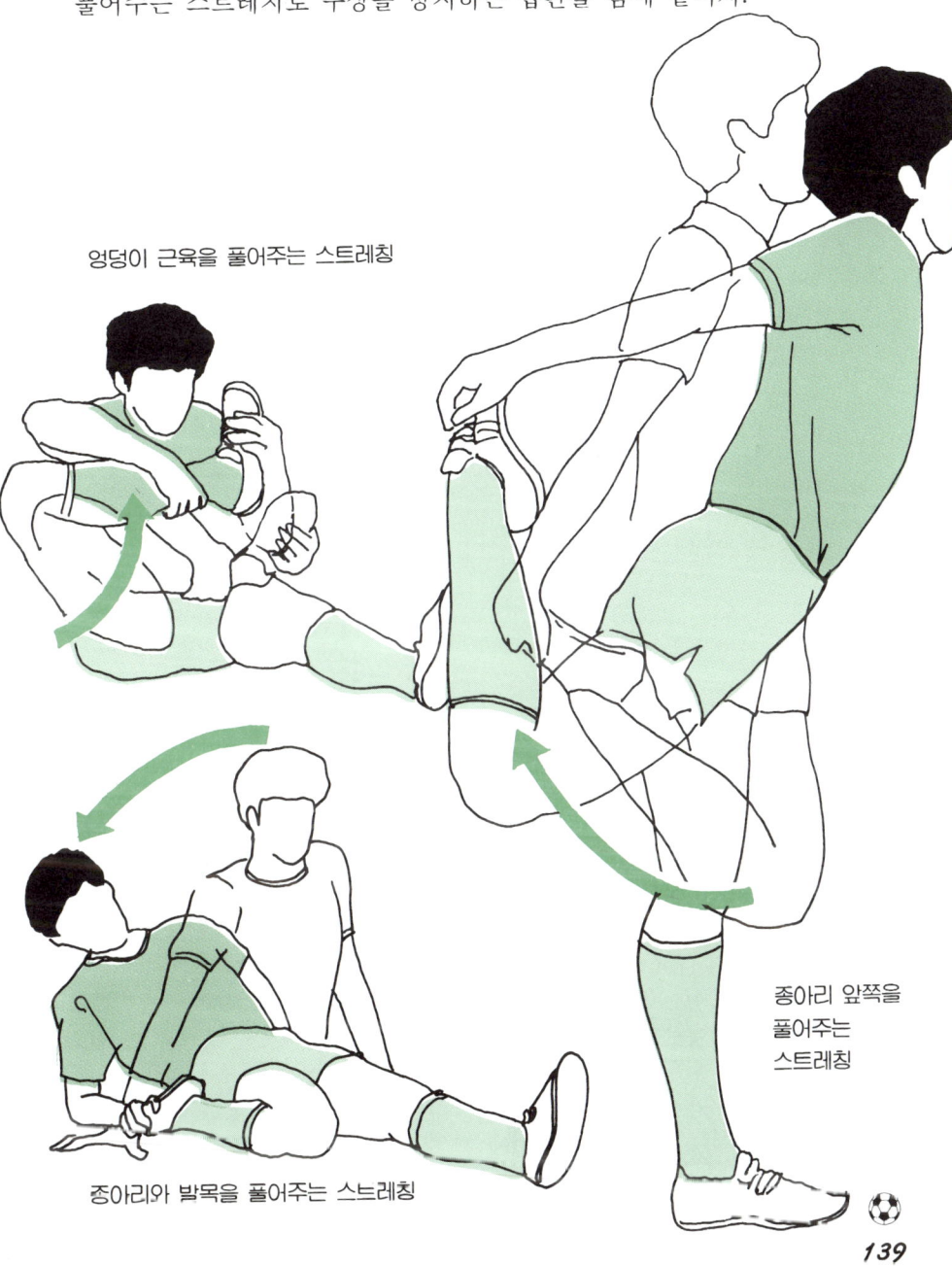

엉덩이 근육을 풀어주는 스트레칭

종아리와 발목을 풀어주는 스트레칭

종아리 앞쪽을 풀어주는 스트레칭

브라질 체조

● 워밍업은 경쾌한 삼바 리듬에 맞추어 즐겁게

브라질 체조

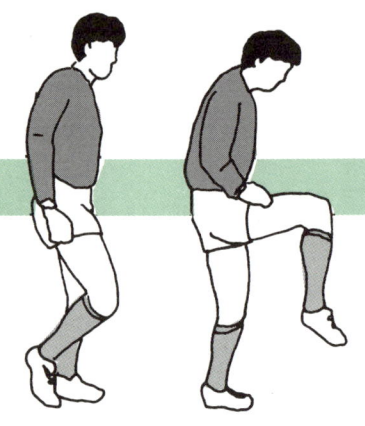

브라질 체조의 기본은 4박자나 2박자이다. 리드미컬하게 강약을 붙여서 몸을 움직인다.

패턴을 바꾸거나 해가면서 50m쯤 계속 가는 것이 좋다. 터치 라인 위를 끝에서 끝까지 브라질 체조도 하면서 나가는 팀도 있다.

어느 형이나 리드미컬하고 가벼운 느낌이 들므로 보고 있으면 즐거운 것 같지만 실제로 해보면 의외로 힘들다는 것을 알게 된다. 각 근육에 걸리는 부담도 크고, 운동량도 대단하다.

브라질 체조는 크게 나누어 두 종류로 되어 있다. 하나는 신체를 릴랙스시키기 위한 것이고 또 하나는 근육에 힘을 붙히는 것이다.

어쨌든 가볍고 리드미컬하게 무리하지 않는 것이 중요하다.

Training & Lesson

141

● 브라질 체조에 대해서

브라질 체조는 시합 전에 하는 워밍업인데 리드미컬한 운동으로 릴랙스시키는 것은 지키면 각자가 연구한 오리지널한 것도 재미있다. 단순한 것 같지만 내용이 충실한 체조이며 악센트를 붙여서 즐겁게 하는 것이 기본이다. 고관절의 이완, 가슴과 등 근육의 강화, 스피드업, 관절이나 발목의 탄력을 길러주며 근육을 풀어주는 효과가 있다.

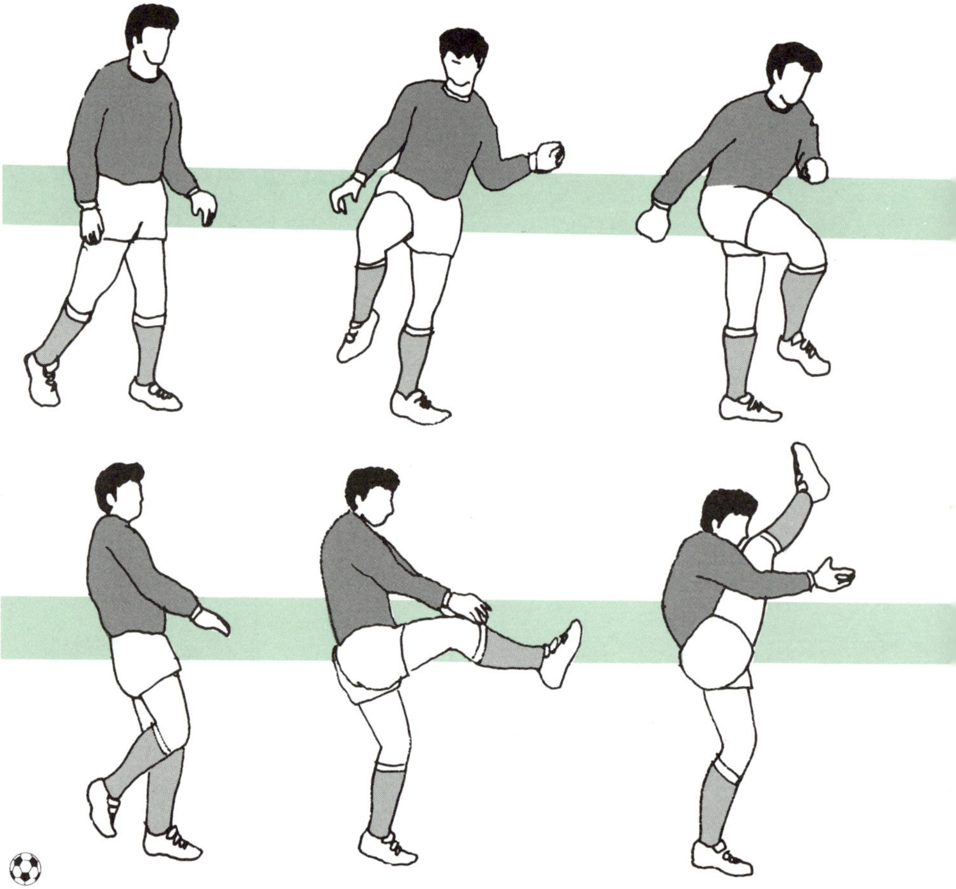

Training & Lesson

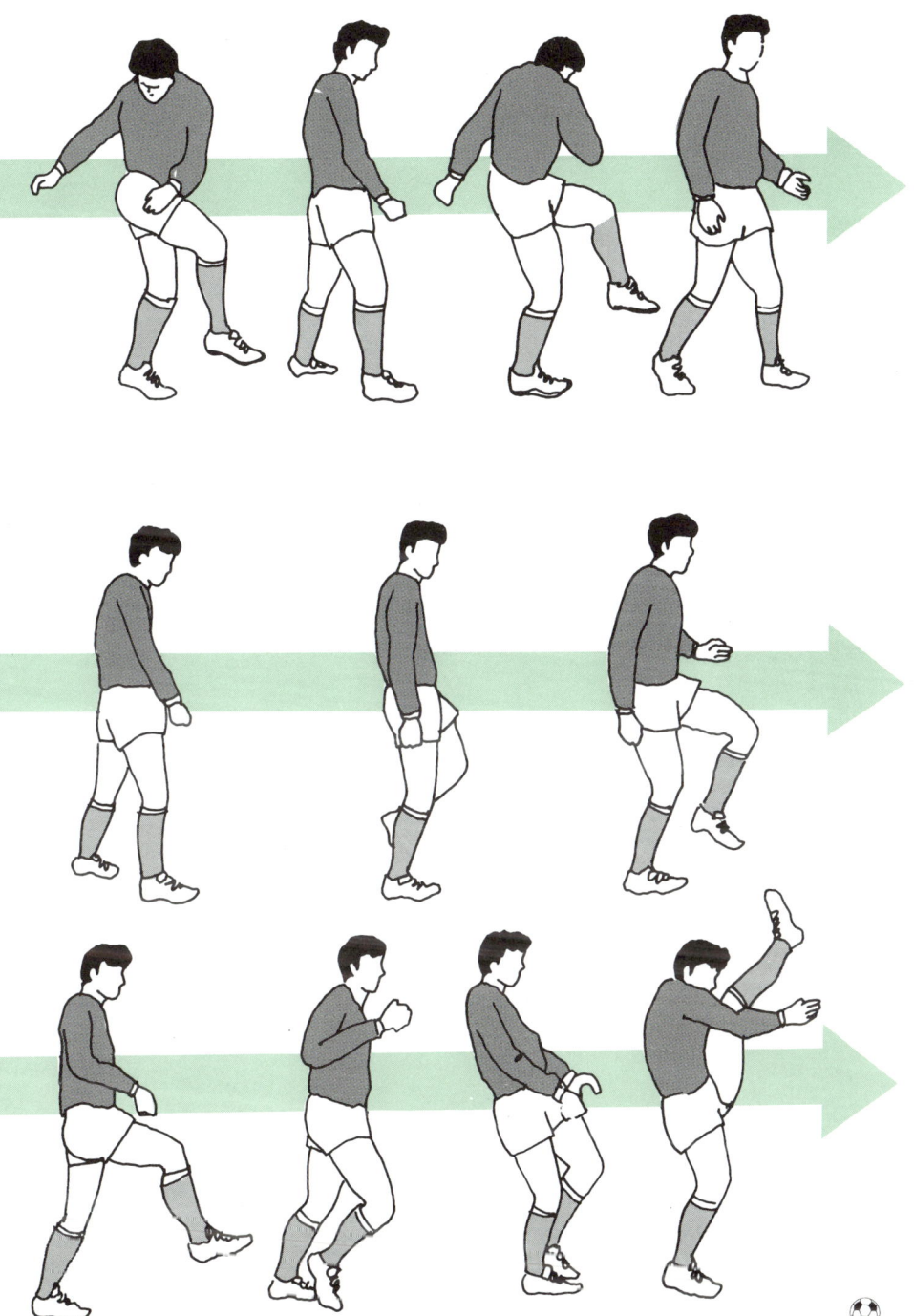

143

메디신 볼로 하는 체조에 대하여

● 보통 체조에 액센트를 붙인 근력 양성 트레이닝이다

메디신 볼로 하는 체조

메디신 볼이란 트레이닝용으로 만든 특제 볼로 좀 묵직하다. 이것을 사용하여 연습한다.

이 체조는 주로 근육을 붙게 하는 것을 목적으로 하는데, 공을 들고 본다는, 축구와는 다른 것을 해봄으로써 연습에 악센트를 붙이는 효과도 있다.

Training & Lesson

연습 커리큘럼에 대하여

● 명플레이가 되기 위한 첫걸음은 기본 연습을 착실하게 쌓는 데 있다

고교 선수의 연습 계획(예)

月	공식시합	트레이닝주기	트레이닝 내용			비고
			체력	기술	전술	
4		준비기	근육력 지구력 순발력 민첩성 정보성 이상의 것을 갖가지 트레이닝 방법을 써서 축구시합에 도움이 되는 체력을 만들어서 서서히 높은 수준으로 끌어올린다.	●킥 인사이드 인프론트 인스텝 아웃사이드 ●드리블 ●헤딩 ●킥 ●페인트 ●클리어 ●태클	원정경기를 통하여 팀의 실력은 안다. 개인 ┌포지션 ├모섭 └타이밍 그룹 개인의 전술을 하나로 묶는다. 팀 ●공격 ① GK부터의 전개 ② DF의 공격 ③ MF의 전개 ④ DF, MF의 움직임 ⑤ MF, FW의 전개 ⑥ FW의 움직임 속공, 느린 공격, 리스타트에 의한 공격 ●수비 ① GK과 DF의 콤비 ② MF와 DF의 콤비 ③ FW로부터의 체크	4월 상순, 하순의 휴일이용
5	전국 대회 및 지역 대회 예선					
6	전국 대회 대통령기 대회 예선	시합기				
7		준비기				7월 하순부터 휴일을 이용 대회에 대비해서 연속 경기를 경험한다.
8	대회 본선 체전지역예선	시합기				
9		준비기				
10	전국체전 전국고교선수권 대회	시합기				
11						

Supplement

12		시합기		12월 중순~하순대회를 향하여
1	전국고교선수권	이행기	1월에 결성한 새로운 팀이 다음해 4월부터 본격적인 활동으로 들어간다.	1월 중순에 새 인원을 결정
2	신인대회	준비기		3월 하순 새로운 팀을 편성한 후 팀력과 개개인의 능력과 방향성을 알게 된다.
3				

시합기간 중의 연습계획표

요일	시간	내용
月	3:40~	●미팅(시합에 대한 반성, 예정에 대해서 기타)
火	3:40~6:00	●체력●슛을 중심으로 한 체력 단련
水	3:40~6:20	●슛●그룹으로서의 공격·방어●수비 트레이닝
木	3:40~6:20	●주력●그룹으로서의 공격·방어●슛(포지션에 대한 것)
金	3:40~6:20	●팀으로서의 포메이션●슛
土	1:30~3:00	●슛●리스타트 연습
日		●시합

Bobby Charlton

보비 찰튼 (잉글랜드, 은퇴)

15세 때 맨체스터 유나이티드와 계약한 이래 은퇴할 때까지 같은 팀에서 활약. 잉글랜드 대표 106회, 대표 시합에서 47득점을 한 기록을 남겼다. 또한 리그에 출전한 것은 600회 이상이며, 리그 득점은 200골 이상. 리그 우승 4회('56, '57, '65, '67년)이며 1963년에는 FA컵, 1966년에는 런던 월드컵 대회에서 우승했으며 유럽 최우수 선수로 선발되었다. 1958년 뮌헨에서 비행기 사고를 당했으나 기적적으로 구조되었다. 이날을 계기로 더욱 재능을 개발하여 '콤플레트 풋볼(완벽한 축구 선수)'이란 평을 들었다.

가마모토 구니시게 (일본, 은퇴)

KAMAMOTO

1944년, 일본 도쿄 출생. 고등학교 3학년 때 청소년 대표 선수로 뽑혔다. 와세다 대학에 재학 중 4년간 연속 득점왕이 되었으며 전 일본 선수권에서도 우승했다.

일본 대표팀의 센터 포워드로서 도쿄, 멕시코 올림픽에 출전했다. 특히 1963년의 멕시코 올림픽 때는 동메달 획득의 원동력이 된 7골을 넣은 득점왕이 되었다. 얀마 디젤 회사에 입사한 후 일본 리드에서 대활약. 7회나 득점왕이 되었으며 JSL 통산 202골을 기록했다. 1980년에 은퇴하여 얀마 팀의 감독이 되었다.

PART 6

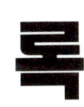

부록

- 축구의 역사에 대하여
- 경기 룰에 대하여
- 축구 용어 해설

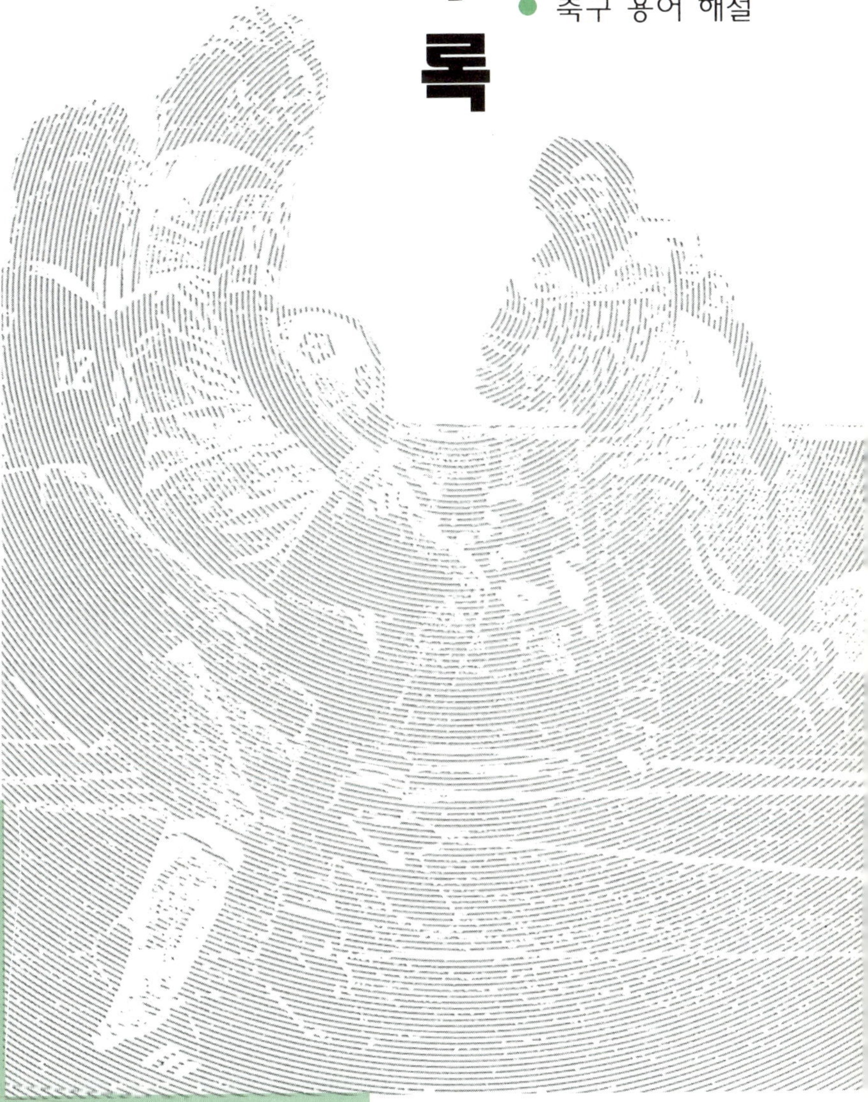

축구의 역사에 대하여

● 난동이 벌어지고 전쟁이 날 만큼 재미있는 세계 최대의 스포츠

축구의 역사

● 새나 닭털을 자루에 넣어서 찬 옛날

지금은 세계적으로 보급된 인기있는 스포츠인 축구는 언제 어떻게 시작되었는가?

현재의 축구로 형태를 갖추게 된 것은 중세부터였다고 한다. 그러나 그 기원을 더 거슬러올라가 보면 고대 그리스 시대까지 올라가게 된다.

고대 그리스에서는 새나 닭털을 자루에 넣어 만든 공을 찼다는 기록이 남아 있다. 그것을 '에피큐로스'라고 불렀던 것만 보아도 상당히 명확한 형태의 스포츠로 되어 있었던 것 같다. 그 룰에 대해서는 잘 모르겠으나 아마 서로 차기만 하는 단순한 경기였을 것이다.

● 성문이 골이었던 중세

현대 축구의 원형이 이루어진 것은 14세기 영국에서였다. 원형이라 하더라도 필드 같은 것은 없었다.

기록에 의하면 성문에 볼을 넣은 쪽이 이기는 모의전쟁 같은 것이었다. 거리나 마을을 볼을 차며 지나가면서 상대편을 때리거나 죽여도 무방한 무척 살벌한 경기였었다.

그러던 것이 19세기가 되자 영국의 상류계급의 사람들이 볼을 차기 시작하여 전까지만 해도 야만적이었던 것이 일변하게 되었다.

럭비가 영국의 상류 계급에서 시작된 스포츠라는 것은 다 아는 사실이지만 축구도 마찬가지이다. 그것은 양자가 모두 팀 플레이를 필요로 하기 때문이다. 영국의 상류 계급은 단결을 중시했던 것이다.

Supplement

●축구의 원년은 1863년

19세기 초부터 정비된 축구가 시작되었는데 그래도 룰 같은 것은 아직 미비했었다.

그러나 1863년, 영국 풋볼 협회가 발족한 것을 계기로 하여 통일된 룰이 만들어지게 되었다.

이 해를 축구의 원년이라고 말하는 사람들도 있다.

20세기로 들어서자 세계적 규모인 FIFA(국제 축구 연맹)가 생겨났고 가맹국도 해마다 늘어났다.

1990년대에는 가맹국이 150개국 이상으로 늘었고 월드컵도 이 연맹이 주최하고 있다.

●공인 볼이란?

축구 공에는 가죽제와 고무로 만든 것의 두 종류가 있는데, 공식 경기에서는 가죽제를 사용한다.

볼은 바깥 둘레가 68cm에서 71cm, 누게 394g에서 453g의 범위라야 한다.

경기 룰에 대하여

● 멋진 플레이도 기초지식 없이는 할 수 없다

경기 룰		
구 성	팀의 구성은 골 키퍼 1명과 필드 플레이어 10명으로 총 11명이다. 시합 중의 교체는 2명까지	
심 판	레프리는 1명이고 터치 라인에 2명의 선심이 있다.	
경기시간	공식 경기 시간은 전반 45분, 후반 45분, 하프 타임 15분으로 정해져 있다. 그러나 고등학교 선수인 경우는 전후반 각각 40분이다.	
경기개시	게임은 센트 스포트에 놓인 볼을 참으로써(킥 오프) 시작한다. 후반은 사이드도 바꾸고 킥 오프도 교체한다.	
승 패	골을 더 많이 넣은 팀이 이긴다. 동점일 때는 연장전을 하기도 한다. 그래도 동점일 때는 PK 시합으로 결판을 낸다.	
득 점	크로스바와 양 골포스트의 범위 내에 볼 1개가 완전히 들어가서 골 라인을 통과한 순간 1점을 얻게 된다.	
부정·불법행위	반 칙	벌 칙
	① 핸들링 ② 키킹 ③ 푸싱 ④ 트리핑 ⑤ 점핑 아트 ⑥ 홀딩 ⑦ 위험한 차지 ⑧ 등 뒤에서의 고의적인 차지 ⑨ 스트라이킹	직접 프리 킥, 페널티 에어리어 내에서의 반칙은 페널티 킥
	① 레프리가 위험하다고 인정한 플레이 ② 볼에 대해서 차지하지 않는 플레이 ③ 고의적으로 상대편을 방해했을 때 ④ 골 키퍼가 볼은 갖고 있거나 골 키퍼가 상대편을 방해하고 있거나 골 키퍼가 골 에어리어에서 나왔을 때, 이 이외의 경우에 골 키퍼를 차지했을 때 ⑤ 골 키퍼가 볼을 가진 채 4분 이상 걷거나 볼에서 손을 뗀 다음 다른 선수가 볼에 대기 전에 다시 대었을 때 ⑥ 오프 사이드 ⑦ 킥 오프, 드로잉, 골 킥, 프리 킥, 코너 킥의 볼은 다른 선수가 플레이 하기 전에 다시 몸에 댔을 때	반칙을 한 장소에서 상대편측 간접 프리킥

경기 룰		
페널티 킥	① 디펜스측에 반칙이 있어서 볼이 골에 들어가지 않을 때 ② 오펜스측에 반칙이 있어서 볼이 골 안에 들어갔을 때	다시한다 ②는 노골
	③ 페널티 킥을 한 플레이어가 반칙했을 때	간접 프리 킥
골 킥	① 볼이 골 라인을 넘어서 최후로 볼에 닿은 것이 오펜스측 선수였을 때 ② 볼이 페널티 에어리어 밖으로 나가지 않았거나 그 볼을 다시 찼을 때	다시한다
코너 킥	① 볼이 골 라인 밖으로 나와 그 볼에 마지막으로 닿는 것이 디펜스측 선수였을 때 ② 볼을 차기 전에 디펜스측이 9.15m 이내로 들어왔을 때	다시한다
오프 사이드	① 볼이 플레이되었을 때, 하프웨이 라인보다 자기편 쪽에 있다. ② 볼이 플레이되었을 때 플레이어와 상대편 골라인 사이에 상대편 플레이어가 한 사람만 있을 때 ③ 볼이 플레이되었을 때, 골 킥, 코너 킥, 드로잉한 볼을 직접 받으려 했을 때 이상과 같은 때 그 볼보다 상대쪽 골라인 가까운 위치에 있는 플레이어는 모두 오프 사이드이다. cf) 상대편 선수와 동일선상에 있을 경우는 오프사이드가 아니다.	간접 프리 킥
드로잉	① 한 손으로 드로잉했을 때 ② 터치 라인 안을 밟았을 때 ③ 발을 그라운드에서 떼어 드로잉했을 때 ④ 볼을 머리 뒤쪽에서 던지는 것이 아니라 떨어뜨렸을 때	상대편 드로잉

오프 사이드에 대하여

● 축구 특유의 룰은 오프 사이드

오프 사이드

상대편 진영에서 패스를 받은 선수와 골 사이에 상대편 선수가 한 사람밖에 없거나 혹은 한 사람도 없을 때를 오프 사이드라고 한다.

축구의 룰에서 가장 난해하며 초보자들이 당황하는 것이 언제나 이 룰이다.

오프 사이드일 경우, 볼은 상대에게 넘겨주고 간접 프리 킥(직접 골로 넣을 수 없다)이 주어진다. 이것은 주로 선심이 체크한다.

오프 사이드 트랩

오프 사이드 트랩이란 DF가 의식적으로 상대방의 오프 사이드를 유인하는 디펜스 전법 중 하나이다. 이렇게 되면 패널티 에어리어 내의 득점 기회를 한순간에 잃고 만다.

아래 그림에서는 Ⓐ가 Ⓑ에 패스하기 직전 상대방 DF가 의식적으로 전진하여 Ⓑ의 뒤로 돌아갔으나 이때의 Ⓑ는 오프 사이드가 된다.

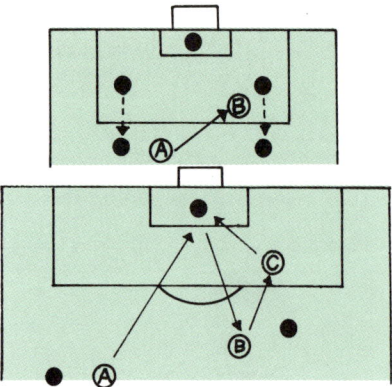

〈그림 2 왼쪽 = 오프사이드〉

Ⓐ의 슛을 상대편 키퍼가 펀칭. 쳐낸 볼을 Ⓑ가 노마크의 ⓒ에게 패스. 그 볼을 멋지게 슛하기는 했지만 ⓒ는 Ⓑ의 패스를 받았을 때 이미 오프 사이드이다.

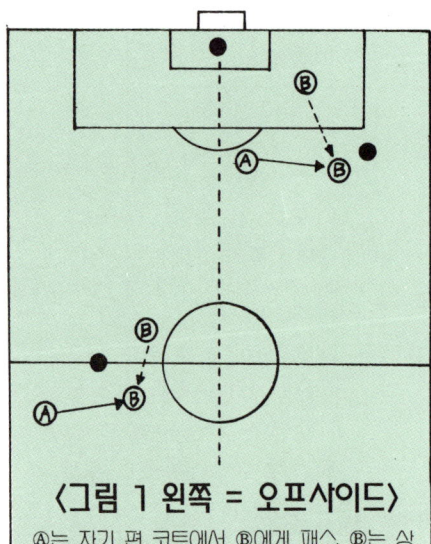

〈그림 1 왼쪽 = 오프사이드〉

Ⓐ는 자기 편 코트에서 Ⓑ에게 패스. Ⓑ는 상대편 코트에서 대쉬해서 받았다.

〈그림 1 오른쪽 = 오프사이드〉

Ⓐ가 Ⓑ에게 패스했을 때 Ⓑ는 오프 사이드의 위치에서 대쉬해서 받았다.

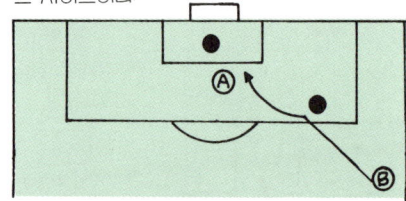

〈그림 3 오른쪽 = 오프사이드〉

Ⓑ가 패스한 볼이 상대편에 닿아서 코스가 바뀌었다. 그 볼이 Ⓐ에게로 갔을 경우에는 오프 사이드이다. Ⓑ가 볼을 킥했을 때 Ⓐ가 오프 사이드의 위치에 있었기 때문이다.

◆축구 용어 해설◆

간접 프리 킥(indirect free kick) 어느 한 팀이 반칙을 범했을 때 그 상대 팀에게 주는 프리 킥의 일종이며, 차는 사람 이외에 다른 경기자에게 볼이 터치되지 않으면 골 인 되어도 득점으로 인정되지 않는다.

게임 메이커(game maker) 게임의 공수·작전에서 중심적 활동을 하는 경기자로, 실전상 코치의 역할을 담당하는 재치있고, 능력 있으며, 경험이 풍부한 공격적 하프가 게임 메이커가 된다.

경고(caution) 경기 중 선수가 주심의 허가없이 경기장을 출입하거나 주심의 판정에 불복하는 행위, 반칙을 계속 범하는 등의 비신사적인 행위를 하였을 때 그 선수에게 주심은 경고를 줄 수 있다. 이것이 되풀이되면 퇴장을 당하게 된다.

골(goal) 골 라인의 중앙에 세워진 폭 7.32m, 높이 2.44m의 문. 볼이 골을 완전히 통과해야만 득점이 인정된다.

골 게터(goal getter) 득점 능력이 우수한 플레이어. 득점한 경기자.

골 네트(goal net) 골 뒤에 쳐놓은 그물로서. 득점의 여부를 판정하는데 도움이 된다.

골 라인(goal line) 양쪽 코너 플랙을 연결하는 45~90m에 쳐진 경계선. 이 선과 접하는 것이 터치 라인이다.

골 에어리어(goal area) 골 앞에 그려진 안쪽의 선. 가로 18.3m, 세로 5.5m의 지역. 골 킥을 할 때 놓고 찬다.

골 인(goal in) 볼이 두 개의 골 포스트 사이에서 크로스 바 밑의 공간을 완전히 통과하는 것이며, 득점이 인정된다.

골 커버(goal cover) 골 키퍼가 골을 비웠을 경우에 다른 선수가 골을 지키는 것.

골 키퍼(goal keeper)　골을 수비하는 선수로 페널티 에어리어 안에서도 손을 사용할 수 있는 유일한 선수이다. GK.

골 키핑(goal keeping)　골 키퍼가 골을 수비하는 기술.

골 킥(goal kick)　볼이 골에 들어가지 않고 골 라인 밖으로 나갔을 경우 볼에 마지막으로 접촉한 자가 공격측이라면 수비측의 골 킥이 된다. 이 경우 보통 골 키퍼나 풀 백이 찬다.

골 포스트(goal post)　골 라인 위에 세워진, 양쪽 코너로부터 같은 거리상에 수직으로 세운 두 개의 기둥. 크로스 바와 더불어 골 대를 만든다. 기둥의 두께와 폭은 12cm 이하이어야 한다.

국제 심판원(FIFA Referee)　국제 축구 연맹(FIFA)으로부터 국제 경기의 주심을 맡아볼 수 있도록 허가받은 사람. 축구 협회의 추천에 따라 엄밀히 심사하여 임명함.

그라운드 패스(ground pass)　볼이 땅 위로 굴러가는 패스

노 마크 슛(no mark shoot)　상대 팀의 방해를 전혀 받지않고 하는 슛

노 플레이(no play)　경기로 인정하지 않는 플레이.

니 킥(knee kick)　볼을 무릎으로 받아 넘기는 킥으로, 골 문 앞에서 주로 행하여 진다.

다이렉트 킥(direct kick)　공중으로 날아오는 볼이나 굴러오는 볼을 정지시키지 않고 그대로 차는 킥

다이렉트 패스(direct pass)　볼을 정지시키지 않고 한 번의 터치로 연결하는 패스

다이렉트 프리 킥(direct free kick)　⇒ 직접 프리 킥

다이빙 헤딩(diving heading)　낮은 볼의 헤딩에 적합한 것으로 뛰어들면서 앞으로 엎어지듯 하는 헤딩

대각선식 심판법(diagonal system of control)　현재 채용되고 있는 심판법이며, 주심은 그라운드를 대각선으로 움직이고, 2명의 선심은 주심과 먼 쪽의 터치 라인을 절반씩 분담하여 움직이면서 판정함.

대시(dash)　짧은 거리에서 속력을 내어 달리는 동작.

더블류 엠 시스템(W.M system)　근대 축구의 기본적인 시스템으로, 스리 백 시스템에서 포워드 5명이 W자형으로 위치하고 사이드 하프 2명과 풀 백 3명이 M자형으로 위치함. W.M 포메이션이라고도 한다.

더블 스토퍼(double stopper)　공격하는 상대 팀의 중심 선수에게 2명의 풀 백을 마크시키는 경우, 이 2명을 일컫는 말이다.

더블 킥(double kick)　오버헤드 킥을 할 때 차지 않는 발을 공중으로 흔들어 올렸다가 내리는 반동을 이용하여 차는 발을 흔들어 차는 킥을 말한다.

데인저러스 플레이(dangerous play)　주심이 위험하다고 인정하는 플레이로 간접 프리 킥의 벌칙이 적용된다.

드로우 인(throw-in)　볼이 터치 라인 밖으로 나갔을 때 마지막으로 볼에 닿은 선수의 상대방이 경기의 재개를 위해 그 지점에서 경기장 안으로 볼을 던져 넣는 기술

드로잉(throwing)　골 키퍼가 볼을 잡은 다음 자기편에게 던져주는 기술

드롭 킥(drop kick)　주로 골 키퍼가 차는 것으로, 볼을 땅에 떨어뜨려 볼이 튀어오르는 순간을 이용하여 차내는 킥 방법

드로우 패스(throught pass)　상대 팀의 선수들 사이를 뚫고 하는 패스로 상대 팀의 방어진을 꿰 뚫는 패스의 일종

드리 백 시스템(three back system)　3인의 풀 백을 두는 수비진의 형태이며, 센터 하프가 뒤로 물러서서 센터 백 구실을 하므로 수비를 튼튼히 하는 전술의 하나이다.

드리블(dribble)　볼을 자기의 플레이 범위 안에서 컨트롤하면서 발로 몰고나가는 기술

드리블 어택(dribble attack)　개인기술이 월등히 뛰어날 때 흔히 사용되는 전법으로, 상대 팀의 풀 백 진영을 뚫고 들어가 골 인을 시도하는 공격 기술이다.

디팬스(defence)　수비 또는 방어

라

라이트 백(right back)　풀 백 중 오른쪽에 위치하는 선수. RB. 라이트 풀 백
라이트 윙(right wing)　포워드 진용의 가장 오른쪽에 위치하는 선수. RW
라이트 인너(right inner)　WM 포메이션 때 센터 포워드 바로 오른쪽에 위치하는 선수. RI. 인사이드 라이트 포워드
라이트 하프(right half)　하프 진의 가장 오른쪽 선수. RH. 라이트 하프 백이라고도 한다.
라인즈 맨(lines men)　⇒ 선심
러닝 점프 헤딩(running jump heading)　날아오는 볼을 뛰어가서 점프, 헤딩하는 기술.
러닝 패스(running pass)　달리면서 패스하는 것으로, 뛰고 있는 자기편의 속도와 방향에 맞추어서 패스하는 것이 중요하다.
레더(leather)　골 키퍼가 사용하는 무릎대. 무릎 보호 용구
레프리(referee)　⇒ 주심
레프리 볼(referee ball)　경기 도중 선수가 부상당하거나 그 밖의 이유로 경기를 중단했을 때 게임을 재개하는 방법으로 레프리가 볼을 허리 높이에서 떨어뜨려 땅에 닿으면 인 플레이가 된다.
레프트 백(left back)　풀백 중 왼쪽에 위치하는 선수. LB. 레프트 풀 백
레프트 윙(left wing)　포워드 진용의 가장 왼쪽에 위치하는 선수. LW
레프트 인너(left inner)　WM 포메이션 때 센터 포워드 바로 왼쪽에 위치하는 선수. LI
레프트 하프(left half)　하프 진의 가장 왼쪽에 있는 선수. LH, 레프트 하프 백이라고도 한다.

로빙 볼(lobbing ball)　　느리고 큰 호(弧)를 그리면서 나는 볼을 말하며, 흔히 공격할 때 상대 진영으로 띄우거나 상대 팀의 백 라인 뒤로 패스를 보낼 때 사용된다.

로스 타임(loss time)　　게임 도중 사고나 선수의 부상 등으로 인하여 허비되는 시간을 말하며, 주심의 판단에 따라 그 시간만큼 경기 시간을 연장할 수 있다.

로빙 센터 하프(roving center half)　　투 백 시스템의 센터 하프를 말하며, 공수에 걸쳐 광범위하게 활동한다. 어태킹 센터 하프라고도 한다.

롱 슛(long shoot)　　먼 거리에서 실시하는 슛

롱 패스(long pass)　　길게 멀리 보내는 패스로 슛 패스와 연결하여 여러 가지 형태로 사용됨.

롱 패스 어택(long pass attack)　　길게 차서 공격하는 전법

리턴 패스(return pass)　　우군으로부터의 받은 패스를 다시 그 선수에게 되돌려주는 패스

링크 맨(link man)　　게임의 상황을 판단해서 우군의 공격 체계를 잡아나가는 핵심적인 선수. 하프 백

마

마크(mark)　　상대에게 접근하여 상대방이 자유로운 플레이를 하지 못하도록 방해하는 행위

매스 드리블 전법(mass dribble)　　19세기 오프 사이드 규정이 엄격할 때 주로 드리블에만 의존하여 공격하던 전법

맨 투 맨(man to man)　　수비측의 한 선수가 공격측의 한 선수를 마크하는 수비전법으로 전술의 기본 전술이다.

메디신 볼(madicine ball)　　트레이닝을 위하여 만든 것으로 표준 볼보다 약간 무겁다.

멤버 체인지(member change)　　시합에 출전하고 있는 선수를 도중에 교체하는 것으로 시합 전에 주심에게 제출한 2~3명의 교대 요원 중에서는 언제든지 교체할 수 있다.

미드 필드(mid field)　　⇒ 중반, 경기장의 한 가운데

바

바운드 볼(bound ball)　땅에 떨어졌다가 퉁겨 올라오는 볼

발리 킥(volley kick)　날아오는 볼을 땅에 떨어지기 전에 차는 방법으로 볼의 속도를 이용하는 킥

백 넘버(back number)　선수의 등번호로 골 키퍼가 1번, 레프트 윙이 11번과 같이 포지션이 정해져 있으나 최근에는 그다지 엄격하지 않다. (① GK ② RB ③ LB ④ RH ⑤ CH ⑥ LH ⑦ RW ⑧ RI ⑨ CF ⑩ LI ⑪ LW가 원칙)

백 라인(back line)　백들 전원의 방어진형을 말한다. 드리 백 라인이나 포 백 라인 등 방어의 최종 포진을 말하는 경우도 있다.

백 맨(back men)　포워드 이외의 선수

백 슛(back shoot)　뒤로 돌아서면서 차는 슛

백 스윙(back swing)　볼을 차기 전에 차는 발 전체를 뒤쪽으로 흔드는 동작

백 업(back up)　볼을 키프하고 있는 자기편을 지원하기 위하여 그 뒤쪽이나 주변에 위치하는 일로, 또는 자기편이 뚫릴 때를 대비해서 후방에 위치하는 일

백 차지(back charge)　상대방의 뒤에서 상체를 부딪히는 행위로 직접 프리 킥의 반칙이 주어진다.

백 패스(back pass)　전진하려는 앞쪽에 상대방 선수들이 많이 있어 전진하기 어려울 때 후방에 있는 자기편에게 볼을 넘겨주는 것

볼 리프팅(ball lifting)　발·이마·어깨 등으로 볼을 퉁기는 일을 계속하는 것으로 올바른 자세가 만들어지며, 또한 워밍업도 된다.

볼 콘트롤(ball control)　볼을 자유자재로 다루는 기술로 상대방에게 볼을 빼앗기지 않도록 잡아서 자기편에게 넘겨주는 기술

볼 키핑(ball keeping)　⇒ 키프

볼 펜듀럼(ball pendulum)　공중에다 볼을 매달아 헤딩·킥 등을 연습하는 기구

볼트 시스템(bolt system)　수비를 튼튼히 하는 데 목적을 둔 전법으로, 맨 앞에 있는 상대방의 센터 포워드를 수비측 선수 2명이 빗장을 걸듯 뛰어들어 막는 전법

불리(bully) 선수들이 한 곳에 모여 볼을 서로 혼잡하게 몰고 있는 상태

블로킹(blocking) 상대 선수를 방해하는 일. 볼에 대한 의도없이 방해하면 어브스트럭션 반칙이 됨

사이드(side) 진지의 뜻. 하프 웨이 라인을 경계로 하여 상대 팀의 사이드, 자기 팀의 사이드라고 함. 시합 후반에는 서로 바꾼다.

사이드 킥(side kick) 볼을 발의 측면으로 차는 킥. 발의 안쪽으로 차는 것을 인사이드 킥, 발등의 바깥쪽으로 차는 것을 아웃프론트 킥이라 한다. 일반적으로 인사이드 킥을 말함.

삼각 패스(triangle pass) 공격시에 많이 이용되는 패스의 기본형이다. 마크해오는 상대를 떼버리기 위해 한 차례 자기 편에게 넘겨준 다음 상대방 방어진을 뚫은 후 다시 패스를 받는다.

섀도우 드리블(shadow dribble) 볼을 갖지 않고 뛰는 사람의 행동에 따르면서 하는 드리블. 일종의 드리블 연습방법이다.

섀도우 런닝(shadow running) 앞 사람이 여러 가지의 런닝을 하고 뒤에 좇는 사람은 앞사람을 흉내내면서 뛴다. 순발력을 기르기 위한 연습의 일종

서든 데스(sudden death) 기존의 연장전 끝까지 경기를 끌어가지 않고 연장전 가운데 어느 팀이든지 골을 추가시키면 즉시 경기를 끝내는 새로운 경기 제도. (요즘은 국제 경기에서 이 제도를 거의 적용시키고 있는 추세이다)

서클 킥(circle kick) 3인 이상의 선수가 원형으로 둘러서서 킥 연습을 하는 것

선심(lines men) 양쪽 터치 라인을 따라 배치된 2명의 심판으로 주심을 보좌한다. 깃발을 하나씩 들고 그것을 올리고 내림으로서 주심과 선수에게 신호를 한다.

세이빙(saving) 골 키퍼가 상대편에게 득점을 주지 않기 위한 하나의 기술로 몸을 던져 볼을 막아내는 것

센터 드리(center three) 5명의 포워드 중 센터 포워드와 2명의 인사이드를 합한 3명을 말한다.

센터 라인(center line) ⇒ 하프웨이 라인
센터링(centering) 공격측이 터치 라인 가까이에서부터 골 정면으로 볼을 보내서 득점을 노리는 패스를 말한다.
센터 서클(center circle) 하프웨이 라인 중앙에 그려진 반경 9.15m의 둥근 원으로, 킥 오프 때 볼을 중심점에 놓는다.
센터 스포트(center spot) 센터 서클의 중심점. 센터 마크.
센터 포워드(center forward) 5명의 포워드 중 중앙에 위치하는 경기자이며, 공격의 핵심이 되는 포지션이다.
센터 하프 백(center half back) 투 백 시스템에서 3명의 하프 백 중앙의 선수를 말하며, 중반의 볼을 주로 다룬다.
속공(速攻) 상대방이 수비 태세를 갖추기 전에 재빨리 공격하는 방법. 롱 패스나 킥 앤드 러시가 사용된다.
숄더 차지(shoulder charge) 어깨로 상대방의 어깨를 밀면서 몸의 균형을 잃게 하는 방법으로 어깨를 정확히 쓰면 반칙이 되지 않는다.
숏 패스 시스템(short pass system) 자기편끼리 가까운 거리에서 주고 받는 패스로 이 패스는 주로 공격할 때 많이 사용된다.
숏 패스 어택(short pass attack) 볼을 짧게 자기편끼리 패스하면서 상대편 진영으로 점점 쳐들어가는 전법
숏 펀트(short punt) 볼을 낮게 공중으로 차 올리는 기술
슈팅(shooting) 점수를 얻기 위하여 상대 팀의 골대를 향하여 킥이나 헤딩을 하는 것
슈팅 레인지(shooting range) 슈팅에 의한 득점 가능성이 높은 지역. 두 골 포스트와 그 옆 페널티 에어리어의 모서리를 연결한 구역
슈팅 보드(shooting board) 차 보낸 볼이 퉁겨 나오도록 실물대로 만든 벽판. 혼자서 킥 연습하는데 편리함
슛(shoot, shooting) 득점하기 위하여 볼을 골에 차 넣는 것으로, 상대편의 골 키퍼가 잡을 수 없는 곳에 패스하는 것이라고도 할 수 있다.
스위퍼(sweeper) 수비진의 최후방을 전문적으로 지키는 선수로 가장 위험한 곳을 커버하는 일을 맡은 예비 풀 백. 볼을 청소한다는 뜻에서 붙여진 이름이다. 4·2·1전법에서 발달했음

스윙(swing)　볼을 차기 위해 다리를 흔드는 동작
스탠딩 헤딩(standing heading)　선 자세에서 취하는 헤딩
스토퍼(stopper)　상대방의 중심 선수(주로 센터 포워드)를 철저히 마크해서 상대방이 시도하는 공격을 처음부터 좌절시키는 역할을 맡은 선수
스토핑(stopping)　볼을 멈추는 기술뿐 아니라 다음 동작으로 옮겨 가기 위해 볼을 다루는 기술
스트라이킹(striking)　상대 팀의 선수를 치거나 때리려는 행위로 직접 프리 킥의 벌칙을 받는다.
슬라이딩 태클(sliding tackle)　상대가 드리블이나 패스로 공격해 올 때 자기의 몸을 내던져 공을 빼앗는 태클의 한 방법으로 수비진 선수의 최후의 수단이다.
시스템(system)　골 키퍼를 제외한 10명 선수의 포진과 움직이는 방법에 대한 기본 개념. 4·3·3 시스템, 4·2·4 시스템, WM 시스템 등이 있다.
시저 패스(scissors pass)　가위와 같은 모양으로 움직이는 패스법으로 실전에서 많이 이용된다.
신 가드(shin guard)　정강이를 보호하기 위해 스타킹 안에 대는 용구

아웃사이드 라이트 포워드(outside right forward)　＝ 라이트 윙
아웃사이드 레프트 포워드(outside left forward)　＝ 레프트 윙
아웃사이드 킥(outside kick)　새끼발가락의 끝 또는 축구화의 바깥쪽 가장자리로서 무릎 아래만을 흔들어 볼을 차는 킥. 아웃 프론트 킥과는 전혀 다름.
아웃 오브 플레이(out of play)　볼이 터치 라인을 완전히 넘었을 경우나 주심이 경기의 중지를 명했을 경우 등 경기가 일시적으로 중단된 상태. 그 동안은 정규의 경기 시간에 가산하지 않는다.

아웃 프론트 킥(out front kick)　볼을 발등의 바깥쪽에 대고 차는 킥법으로 볼의 코스에 변화를 넣을 수가 있다.
어드밴티지 룰(advantage rule)　반칙을 범한 팀에 불리하게 되는 것 같은 게임의 진행 상태가 되었다고 판단될 때에 주심은 그 반칙이나 위반을 벌하기 위해 게임을 중단하지 않고 그대로 게임을 속행하는 데 대한 규칙. 게임 전체의 진행상황을 잘 보고 정확한 판단을 내리도록 요구되는 룰이다.
어브스트럭션(obstruction)　볼을 플레이하는 것이 아니라 상대에게 방해만을 하는 것으로 간접 프리 킥이 주어진다.
어소시에이션 풋볼(association football)　축구, 즉 사커의 정식 명칭이다. 세계 축구 연맹을 Federation International de Football Association(F.I.F.A)라고 하며, 대체로 풋볼이라고 부르는 경우가 많다.
어택(attack)　일반적으로 공격이나 태클을 가리키는 것이며, 상대편 골을 목표로 공격한다는 뜻으로도 해석이 된다.
에어리어(area)　일정한 지역이라는 뜻으로 골 에어리어, 페널티 에어리어, 코너 에어리어 등이 있다.
엔드(end)　= 사이드
엔드 라인(end line)　= 골 라인
엠티 스페이스(empty space)　상대방에게 마크되지 않는 자유로운 장소. 공지
연장전(延長戰; extra time)　규정된 시간 내에 승부가 나지 않을 때 이를 결정하기 위해 경기시간을 연장하는 것
올 맨 디펜스(all men defence)　전원 수비진의 형태. 공격을 맡은 포워드까지 수비에 가담한다.
올 맨 어택(all men attack)　전원 공격의 형태. 포지션에 구애를 받지 않고 공격에 참가하는 형태
오버 스텝(over step)　워킹과 마찬가지로 골 키퍼가 공을 가진 채 4보 이상 걸으면 상대방에게 간접 프리 킥이 주어진다. 캐링(carrying)이라고도 한다.
오버 헤드 킥(over head kick)　상반신을 뒤로 젖히면서 자기의 머리 너머로 볼을 뒤로 차 보내는 방법
오프 사이드(off side)　상대방의 엔드 안에 들어가 있는 선수와 상

대방 골 라인 중간에 수비측 선수가 없거나 한 사람밖에 없을 때 그 선수는 오프 사이드 위치에 있게 된다. 이럴 때 자기편으로부터 패스를 받거나 이 볼을 플레이하면 반칙이 되어 상대 팀에게 간접 프리 킥이 주어진다.

오프 사이드 트랩(off side trap)　고의로 상대방을 오프 사이드 되게 하기 위하여 쓰이는 전법으로 매우 지능적인 플레이이다. 잘못 사용하면 자기편에 절대 위기가 온다.

오픈 스페이스(open space)　자기편도 상대 팀도 없는 빈 곳으로 패스의 코스가 된다. 패스를 받는 자는 마크를 벗어나서 이곳으로 뛰어 들어야 한다.

오픈 플레이(open play)　볼을 길게 차서 선수들이 모이지 않는 곳으로 범위를 넓히는 플레이

온 사이드(on side)　오프 사이드 위치가 아닌 자유로이 플레이가 가능한 지역

옵셔널 플랙(optional flag)　하프웨이 라인 바깥쪽에 세우는 기

와일드 차지(wild charge)　위험한 행동

워밍 업(warming up)　휴식의 타성을 이겨내기 위한 준비 운동이다.

워킹(walking)　= 오버 스텝

원 사이드 커트(one side cut)　마크할 때 그 상대가 패스를 보낼 수 있는 방향을 제한하는 수법. 특히 3:2와 같이 공격하는 팀의 선수의 수가 많을 때 그 공격을 막는데 중요하다.

월(whirl)　볼의 위치에 따라 포지션을 바꾸는 일을 말하며, 라이트 윙이 센터로 들어오거나 인너가 사이드 하프로 바뀌는 일이 많다.

웨이스트 타임(waste time)　로스 타임

윙(wing)　포워드의 양쪽 끝에 위치하는 선수. 아웃 사이드 포워드

윙 전법(wing 戰法)　터치 라인을 따라 드리블로 볼을 운반하여 골 라인 부근에서 센터링을 사용하는 전법

인너(inner)　인사이드 포워드

윙 하프 백(wing half back)　투 백 시스템에서 3명의 하프백 중 좌우의 경기자를 말한다. 사이드 하프

인다이렉트 프리 킥(indirect free kick)　= 간접 프리 킥

인사이드 라이트 포워드(inside right forward)　= 라이트 인너

인사이드 레프트 포워드(inside left forward) = 레프트 인너
인사이드 스톱(inside stop) 발의 안쪽 넓은 부분으로 볼을 받아 멈추는 기술
인사이드 킥(inside kick) 볼을 발의 안쪽에 대고 차는 키킹의 방법으로 정확한 것이 특징이다.
인스텝 스톱(instep stop) 발등으로 볼을 받아 멈추는 기술. 숙달하기까지는 많은 연습이 필요하다.
인스텝 킥(instep kick) 볼을 발등에 대고 차는 키킹의 방법이며, 강하게 멀리 차는데 적합하다.
인터벌(interval) 하프 타임의 휴게시간
인터벌 트레이닝(interval training) 연습 중간에 휴식할 수 있게 하거나 또한 강한 연습과 가벼운 연습을 섞어서 하도록 짜여진 연습 방법
인터셉트(intercept) 상대 팀의 패스 코스를 간파하여 중간에서 볼을 가로채는 것
인프론트 킥(infront kick) 발등의 안쪽에 볼을 대고 차는 방법으로서, 주로 엄지발가락을 써서 볼을 차는 킥 방법
인플레이(inplay) 게임 시간 중 직접 볼이 플레이되고 있을 때의 상태
일레븐(eleven) 축구에서 한 팀을 구성하고 있는 11명의 선수를 통틀어 일컫는 말. 야구에서는 나인(nine)이라고 하는 이치와 같다.

점프 발리 킥(jump volley kick) 옆으로 오는 높은 볼을 점프하여 몸을 옆으로 넘어뜨리면서 차는 킥으로, 긴급할 때 사용하면 큰 위력을 나타낸다.
점프 헤딩(jump heading) 공중으로 날아오는 볼을 점프하여 헤딩하는 일
점핑 엣(jumping at) 상대에게 덤벼드는 행동으로 직접 프리 킥의 벌칙이 주어진다.

존 디펜스(zone defence)　특정한 상대를 정해서 마크하는 것이 아니라 각자가 수비해야 할 지역을 미리 정해놓고 방어하는 방법. 지역방어라고 한다.

주심(主審; referee)　선심의 도움을 받아 게임의 원활한 진행에 힘쓰고 쟁점(爭點)을 해결하고 경기 결과에 대해서 최종 판정을 내리는 사람으로서 절대적인 권한을 갖는다.

중반(中盤; mid field)　하프웨이 라인을 중심으로 폭 40~50m의 지역을 말한다. 이 지역에서의 공방전을 중반전이라 한다.

GK　= 골 키퍼

지그재그 패스(zigzag pass)　패스 연습의 기본적 방법이며 지그재그 형으로 패스해 간다.

직접 프리 킥(direct free kick)　키커(kicker)가 찬 볼이 다른 경기자에 닿지 않고 그대로 골인되어도 득점으로 인정되는 프리 킥이며, 핸들링 반칙 등 9종목의 반칙이 있을 때 주어진다.

직진 패스(straight pass)　자기편에 종으로 패스를 보내고 그 앞으로 대시해가서 패스를 받는 식의 패스

차지(charge)　상대방의 어깨를 자기 어깨로 밀어서 상대의 태세를 무너뜨리는 방법으로 볼이 플레이될 수 있는 범위 내에서만 허용된다.

찬스 메이커(chance maker)　적절한 판단으로 효과적인 판단을 보내거나 득점으로 연결되는 패스를 보내는 선수를 말한다.

칩 킥(chip kick)　볼 밑을 비스듬히 깎듯이 차는 킥. 볼이 역회전하면서 낙하하므로 키커 앞으로 되굴러오는 것 같은 느낌을 준다.

캐링(carrying)　골 키퍼가 볼을 가지고 5걸음 이상 걷는 것으로 이 경우 상대 팀에게 간접 프리 킥의 벌칙이 주어진다.

캐칭(catching)　골 키퍼가 상대편이 슛한 볼을 두 손으로 잡는 기술

커버링(covering)　자기편 수비진이 실패했을 경우나 또는 공격에 참가해서 자기편 선수를 지원할 경우 후방에서 우군 플레이어를 도와주는 것

커트(cut)　상대편의 패스를 중간에서 가로채는 것으로 인터셉트와 같은 뜻

코너 에어리어(corner area)　골 라인과 터치 라인이 마주치는 모서리에 그려진 4분의 1짜리 둥근 원안의 지역

코너 킥(corner kick)　볼이 마지막으로 수비측 선수의 몸에 맞고 골 라인 밖으로 나갔을 경우 공격 팀에 주어지는 프리 킥. 코너 에어리어 안에 볼을 놓고 킥한다.

코너 플랙(corner flag)　각 코너에 세워진 깃발로서 길이 1.5m 이상되는 깃대에 단다.

콤비네이션 패스(combination pass)　2명 이상이 드리블, 숏 패스, 롱 패스, 센터링 등을 결합하여 패스하면서 공격하는 전법

콤비네이션 플레이(combination play)　패스가 여러 가지로 결합된 일정한 형의 플레이로 골 킥, 코너 킥, 프리 킥, 드로잉, 킥 오프 등에서 사용된다.

콘덕트 바이얼렌트(conduct violent)　심판에게 폭언을 하거나 욕설을 하는 행위로 퇴장을 당하게 된다.

콘트롤(control)　볼이나 자기의 몸을 뜻하는 대로 움직이거나 처리하는 일

크로스 바(cross bar)　두 개의 골 포스트 위를 가로지르는 것. 골은 두 개의 골 포스와 크로스 바로 이루어진다. 길이 7.32m, 폭 12m 이하로 규정되어 있다.

크로스 패스(cross pass)　공격을 좌우로 바꾸어 변화를 가져오게 하고 상대 수비가 허술한 방향으로 공격할 수 있게 하는 효과적인 방법

클리어링(clearing)　수비측의 경기자가 골 앞의 위험 구역에서 볼을 크게 차내어 상대 팀의 공격을 극복해 나가는 일

클린 슛(clean shoot)　네트에 박히는 듯한 뚜렷하고 깨끗한 슛을 말한다.

키퍼 차지(keeper charge)　골 키퍼에 대하여 가하는 부당한 행위

키프(keep)　볼을 자신의 콘트롤 아래 두는 것. 자신이나 자기편끼리 볼을 계속 몰고 나가는 것

키커(kicker)　프리 킥이나 코너 킥 등에서 볼을 차는 선수

키킹(kicking)　볼을 차는 방법으로 인사이드 킥, 아웃사이드 킥 등 여러 가지가 있다.

킥(kick)　발로 볼을 차는 것

킥 앤드 러시(kick and rush)　상대방이 없는 장소에 볼을 길게 차 주면 포워드가 좇아가 스피드로 공격을 전개하는 방법. 체력이 강한 팀이 사용하는 효과적인 전법

킥 오프(kick off)　시합 개시, 후반전 개시, 득점 후의 시합 재개 때 볼을 그라운드 중앙에 놓고 킥 오프로 시작된다. 이때 상대편은 센터 서클 안에 들어오지 못함.

타

타임 업(time up)　시합의 종결, 타임 아웃

태클(tackle)　상대가 가지고 있는 볼을 빼앗기 위하여 직접 뛰어드는 기술. 슬라이딩 태클

터치 라인(touch line)　경기장 양쪽에 그어진 90m~120m의 선으로 볼이 이 선으로 나가게 되면 드로잉이 된다.

터치 아웃(touch out)　볼이 터치 라인 밖으로 나가는 경우를 말한다.

토스(toss)　어느 쪽이 킥 오프를 하느냐를 결정하기 위하여 동전 같은 것을 던져 그 표리를 가지고 결정하는 것.

토 킥(toe kick)　발 끝으로 차는 킥으로 강하게 찰 수는 있으나, 볼이 닿는 면적이 좁아서 부정확하며 실전에서는 그다지 쓰이지 않는다.

톱 컨디션(top condition)　몸의 컨디션이 가장 좋은 상태. 보통 4주간 계속된다고 함

퇴장(退場;sent off the field)　　난폭한 행위나 현저하게 부정한 행위를 할 때, 욕설을 하거나 혹은 경고를 받고도 부정한 행위를 계속할 경우에 주심은 퇴장을 명할 수 있다. 퇴장한 선수에 대한 보충은 인정하지 않는다.

투 백 시스템(two back system)　　2FB형, 포진은 풀 백 2명, 하프 3명, 포워드 5명이며, 1930년까지의 포진이었다. 지금도 중학교 팀 등에서 사용되고 있다.

트라이앵글 패스(triangle pass)　⇒ 삼각 패스

트래핑(trapping)　　스토핑의 응용 동작으로 상대방을 속이거나 공격을 피하는 방법

트리핑(tripping)　　상대방의 발을 걸어 넘어뜨리거나 상대의 앞이나 뒤에서 몸을 움추려 상대를 넘어뜨리거나 넘어뜨리려할 때의 반칙 행위로 직접 프리 킥의 벌칙을 받는다.

트릭 플레이(trick play)　　프리 킥 등에서 득점을 목표로 상대 팀의 판단을 혼란시키는 속임수의 콤비네이션 플레이

파

파울(foul)　　경기 규칙에 정해진 부정 행위나 반칙 행위

파울 드로우(foul throw)　　드로잉 할 때 행해지는 부정 행위, 이때에는 상대편에게 드로잉이 주어짐.

파울 플레이(foul play)　　부정 행위, 반칙

파이브 스텝(five step)　　골 키퍼가 볼을 가지고 5보 이상 걸었을 경우의 반칙이며, 이 경우 상대 팀에게 간접 프리 킥이 주어진다.

펀트 킥(punt kick)　　골 키퍼에게만 사용되는 것으로 잡았던 볼을 땅에 떨어지기 전에 차는 킥의 방법

패스(pass)　　자기편에게 볼을 정확히 넘겨주는 기술. 축구는 패스의 경기라 할 수 있다.

패스 앤드 고우(pass and go)　　자기편에게 패스한 뒤 즉시 비어 있는 곳으로 달려가 리턴 패스를 받기 쉽도록 준비하는 것. 패스 앤드 런, 패스 앤드 러시

패스워크(passwork)　패스로서 공격의 체계를 잡아가는 기술

패싱 앵글(passing angle)　상대 팀의 방해를 받지 않고 자기편에게 패스를 보낼 수 있는 각도. 상대가 접근할 수록 각도가 좁아진다.

펀칭(punching)　골 키퍼가 페널티 에어리어 안에서 골을 향해 날아오는 볼을 잡기 어려울 경우 볼을 주먹으로 쳐내는 동작

페널티 에어리어(penalty area)　골 앞에 설정된 가로 40.33m, 세로 16.5m 되는 지역. 이 안에서 수비진이 직접 프리 킥에 해당하는 반칙을 범하면 상대 팀에게 페널티 킥이 주어진다.

페널티 킥(penalty kick)　자기 진영의 페널티 에어리어 안에서 자기편이 직접 프리 킥에 해당하는 반칙을 범했을 경우 상대 팀에게 주어지는 킥

페널티 킥 마크(penlty kick mark)　페널티 킥을 실시하는 지점으로 미리 골 라인으로부터 11m 떨어진 지점에 표시해둔다. 페널티 스포트, 페널티 마크

페인트(feint)　상대 팀 선수의 판단을 잘못하게 하려는 속임수의 동작이며, 킥하는 모션을 취했다가 드리블하는 경우 등 여러 가지 방법이 있다.

포메이션(formation)　공격이나 수비에 대한 팀 특유의 대형이나 움직임을 말함

포워드(forward:FW)　팀의 맨 앞줄에 위치하는 경기자들로서 공격을 담당한다. 4~5명이 보통이다.

포워드 라인(forward line)　포워드들이 구성하는 공격 위주의 포진. 옆으로의 1열이 아니라 W자 형으로 위치하는 것이 보통이다.

포인트(point)　골 인된 득점

포지션(position)　각 선수들이 맡는 구실에 따라 차지하는 위치. 실전에서는 이 위치가 고정되어 있지 않고 수시로 바뀜

포지션 체인지(position change)　시합 중에 선수가 위치를 서로 바꾸는 일로 상대 팀 선수의 마크를 교란시키는 효과가 있음

포지션 플레이(position play)　시합의 진행 중 각 선수가 가장 효과적인 포지션으로 움직이는 일. 각 포지션 특유의 움직임을 말하는 때도 있다.

포스트 플레이(post play)　자기편으로부터 패스를 받아 그 자리에

서 논 스톱으로 슈팅을 하거나 머리로 헤딩, 득점을 올리는 것으로 말뚝 작전이라고도 한다.

폴로우(follow)　볼을 따라 좇아가는 것

폴로우 업(follow up)　볼을 키프하고 있는 자기편 선수의 후방이나 가까이에 위치하여 키프하는 자를 지원하는 일

푸싱(pushing)　손이나 발로 상대방을 밀거나 찌르거나 하는 행위로 반칙이 되며 상대방에게 직접 프리 킥이 주어진다.

풀 백(full back)　골 바로 앞에 자리잡고 수비진의 최후방을 지키는 선수로 보통 2~3명이 선다.

프라이라우펜(freilaufen)　상대방의 마크에서 벗어나 자유롭게 패스를 받을 수 있는 위치로 뛰는 동작

프론트 태클(front tackle)　정면에서 상대방을 막는 태클

프리(free)　마크에서 벗어나 패스를 받기 쉬운 상태

프리 킥(free kick)　반칙 행위가 있을 때 벌칙으로 상대 팀에게 주어지는 킥. 그 지점에 볼을 놓고 차며, 직접 프리 킥과 간접 프리 킥이 있다. 자유축(自由蹴)

플라이 볼(fly ball)　공중으로 날아오는 볼

플레이 온(play on)　경기를 계속해서 진행하는 것. 경기 중 반칙이 있었으나 어드밴티지 룰을 적용하여 주심이 경기를 중단시키지 않고 속행하는 일

플레이스 킥(place kick)　킥 오프 등 정지해 있는 볼을 차는 일

플레이어(player)　경기자, 즉 선수를 말한다.

피스팅(fisting)　⇒ 펀칭

피드(feed)　볼을 공급한다는 뜻으로 특히 전방에 있는 자기편에게 좋은 패스를 보내는 것을 말한다.

필드(field)　경기장, 그라운드(ground)라고도 한다.

FIFA　세계축구연맹. Federation International de Football Association의 약칭으로 스위스에 본부가 있음

하프 매치(half match)　그라운드의 반쪽을 사용하여 실전을 행하는 일종의 연습 방법

하프 발리 킥(half volley kick)　볼이 그라운드에 떨어져 바운○
하는 순간을 잡아서 차는 킥의 방법
하프 백(half back)　포워드와 풀 백 중간에 있는 경기자들이
투 백에서는 2명, 드리 백에서는 3명이 보통이다. HB
하프웨이 라인(half way line)　두 터치 라인의 중점을 연결하여
기장을 양분하는 라인으로 양 팀 진지의 경계선이 된다. 센터
인이라고도 한다.
하프웨이 플랙(half way flag)　하프웨이 라인과 터치 라인의 교
점에서 바깥쪽으로 1m 떨어진 곳에 세우는 깃발. 높이 1.5m 이○
으로 규정되어 있다.
하프 타임(half time)　전반과 후반 사이의 휴식 시간. 보통 5분
도이지만 국제시합에서는 10분 정도이다.
해트 트릭(hat trick)　한 명의 선수가 한 경기에서 혼자 3점을 ○
리는 것.
핸드 킥(hand kick)　손에 든 볼을 땅에 떨어뜨리고 그 볼이 땅○
닿기 전에 차는 킥. 주로 골 키퍼가 사용한다.
핸드링(handling)　골 키퍼만이 페널티 에어리어 안에서만 손○
사용할 수 있지만 다른 선수들은 어떠한 경우에도 손을 사용할 ○
없게 되어 있다. 이를 어기게 되면 핸드링이 되어 상대 팀에게 ○
접 프리 킥이 주어진다.
헤딩(heading)　날아오는 볼을 이마로 받아 보내는 일. 축구에○
만 사용되는 독특한 기술이다.
홀딩(holding)　손이나 팔로 상대방을 잡거나 당기거나 하여 ス○
로운 경기를 할 수 없게 하는 행위로 상대 팀에게 직접 프리 ㅋ○
주어진다.
홈 앤드 어웨이(home and away)　리그전에서 자기 나라의 홈 ○
라운드에서 시합을 하고 상대 팀 나라의 그라운드에서 다시 한○
시합을 하는 경기 방법
휘슬(whisle)　주심이 경기의 진행을 정지시키기 위해 부는 호ㄹ
힐 백(heel back)　발뒤꿈치로 볼을 차거나 또는 밀어서 보ㄴ○
는 것
힐 킥(heel kick)　발뒤꿈치로 받아 뒤로 넘기거나 또는 머리 ㄴ○
로 패스하는 킥 방법

⚽ **김정남** 감수

국가대표 선수(62~71)
제4회 아시아 청소년대회(62. 4)
제5회 메르데카대회 및 아가칸컵대회(62. 8)
제18회 동경 올림픽대회(64. 10)
세계군인 선수권대회(68. 5)
월드컵 예선전(69. 10)
(주) 유공 코치 및 감독(82. 12~92. 12)
국가대표팀 감독(80. 1~82. 12)
제13회 월드컵대회(85. 1~86. 6)
아시안게임(86. 10)
1988년 서울 올림픽 감독(88. 10)
 : 대한축구협회 전무이사

포인트 축구 레슨

편저자 :	橫森 巧 스포츠서적편집실
발행인 :	남 용
발행처 :	일신서적출판사
	121-110 마포구 신수동 177-3
	영업부 : 703-3001~5
	FAX 703-3009
	편집부 : 703-3006~8
	FAX 703-3008
등 록 :	1969년 9월 12일 No. 10-70

© ILSIN PUBLISHING Co. 1990.   05-①

값 12,000원